14명의 삶에서 배우는 인생의 지혜

비 우
ㅁ

Die Kunst der Bescheidenheit

14명의 삶에서 배우는 인생의 지혜

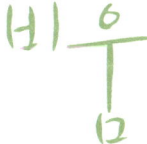

비움

미하엘 코르트 지음 | 이승은 옮김

21세기북스

Die Kunst der Bescheidenheit

 ## 3장 비우는 삶을 실천하라

내 인생을 바꾼 비움의 지혜

5년 전 나는 자살을 결심했다. 차가운 비가 내리던 2월의 어느 날, 날씨는 내 영혼처럼 어둡고 스산했다. 이전에는 어려움 없이 해내던 일들이 더는 풀리지 않았고, 3년 동안 준비한 중요한 프로젝트 두 건이 물거품이 되어 계약금조차 받지 못하게 되었다. 빚더미에 마음이 짓눌리고 자신감마저 잃게 되자, 내 파트너들은 갑자기 내 아이디어뿐 아니라 나까지도 더는 신뢰하지 않았다. 손 대는 일마다 모두 실패하는 악순환에 빠져 신문에 연재하는 작은 글조차 쓸 수 없게 되었다. 유대 속담에 "빈곤은 얼굴에서 먼저 나타난다."는 말이 있다. 내 얼굴에는 오직 실패의 기색만 드러나 보이는 듯했다. 낙담한 나는 신세 한탄만 했고,

집안에는 우울한 기운이 그물처럼 드리워졌다. 나를 찾아오는 사람은 절친한 몇몇 친구들뿐이었다. 무엇에도 기쁨을 느낄 수 없었고, 더는 살고 싶은 생각도 없었다.

이 무렵 우연한 기회에 톰 볼페스Tom Wolfes의 소설 《완전한 사내Ein ganzer Ker》를 읽게 되었다. 기업을 경영하는 남자주인공은 성공만 좇으며 살다가 인생의 절정에서 파산위기에 처하고 만다. 실패를 모르고 잘나가던 거물이 잘못된 투자로 졸지에 5억 달러의 은행 빚을 지고 생존싸움을 벌이게 되는 내용이었다.

나는 첫 장부터 책을 손에서 내려놓을 수 없었고, 두 번째 주인공의 이야기를 읽으면서는 실제적인 도움을 많이 받았다. 두 번째 이야기에서는 연거푸 불행을 당한 한 젊은 가장이 뜻하지 않게 끔찍한 교도소에 들어와 역시 생존을 위한 사투를 벌인다. 주인공은 절망에서 벗어나기 위하여 아내에게 '스토이크Stoics' 게임을 보내달라고 부탁하는데, 서점 직원의 실수로 《스토아 철학자The Stoics》를 받는다. 이 책은 다름 아닌 '에픽테토스Epiktetos, 마르쿠스 아우렐리우스Marcus Aurelius, 무소니우스 루푸스Musonius Rufus, 제논Zenon의 글모음'이었다. 젊은 수감자는 그 책에서 에픽테토스의 글을 읽는다.

"자신의 의지로 어찌할 수 없는 것, 예를 들어 돈이나 재산, 명예나 권력 때문에 괴로워하며 사는 일은 의미가 없다. 자신의 의지와 상관없는 것, 예를 들어 네로의 폭정과 감금생활, 신체적 위험 따위를 피하려고 노력하는 것도 마찬가지다."

주인공은 책에 마음을 빼앗긴 채 계속 읽어 내려간다. 에픽테토스는 두려움에 떨거나 불평만 늘어놓으며 불행을 피하려는 사람을 특히 경멸한다.

"너희는 굴욕과 불행이 아니라 행복을 나누어 주기 위하여 태어났기 때문이다. 행복하지 않은 자의 불행은 자신의 탓임을 알라."

나는 볼페스의 소설에 깊이 매료되었다. 앞부분에서 에픽테토스의 명언을 인용한 곳을 모두 찾아내 다시 읽었다. 별안간 절망에서 벗어난 기분이 들었다. 냉정히 생각해 보면 내 처지는 그다지 불행하지 않았다. 물론 빚을 지고 사업도 잘 풀리지 않았지만 나는 건강했다. 그리고 나 자신에게 충실했다. 나에게는 잠잘 곳과 먹을 것 그리고 좋은 친구들이 있었다. 사실은 불평할 이유가 없었다.

에픽테토스와 다른 스토아 철학자들은 내 근본적 문제에 해답을 제시했다. 모든 문제에 정답이 있듯이 당연히 내 문제에도 해답이 있었다. 스토아 철학자들에게서 얻은 해답의 요지는 바로 이것이었다. "자립하라! 다른 사람에게서 아무것도 바라지 말고 스스로 서라." 이 말은 자신의 능력으로만 행하라는 뜻이다. "다른 것을 걱정하지 마라. 네가 할 수 있는 일은 없다. 너는 아무 영향도 미칠 수 없기 때문이다."

이전에 나를 완전히 절망하게 만든 일은 이제 도전의 불씨가 되었다. 나에게는 갚을 빚이 있었지만 수입은 거의 없었다. 그러므로 나는 절망하는 대신 최선을 다해야 했다. 그런 나에게 어머니께서는 이렇게 말씀해 주셨다.

"우리에게 없는 것은 우리에게 필요 없단다."

나는 어머니 말씀에 따라서 지출을 최소한으로 줄였다. 시장은 한 주에 한 번만 가고 물건을 사기 전에는 신중히 생각했다. 그리고 한 번 시장에 갈 때마다 40유로 이상은 지출하지 않았다. 레스토랑에서 외식을 하지 않았고, 카페에서 차를 마시지도 않았다. 지혜롭게 살림을 꾸리시는 어머니 덕분에 나는 힘든 시기를 잘 극복할 수 있었다.

밖에서 돈을 쓰는 대신 나는 친구들을 집으로 초대했다. 검소하게 살았지만 인색하게 굴지는 않았다. 나는 저렴한 재료로 맛있는 음식을 만들고 싶었다. 그래서 4유로로 여섯 사람을 위한 버섯 요리를 만들거나, 7유로로 그리스 요리 스티파 4인분과 포도주 한 병을 마련했다. 차를 타고 돌아다니지 않았기 때문에 돈뿐 아니라 시간도 절약하고, 이전보다 많아진 시간을 친구들과 함께 보낼 수도 있었다. 우리는 노래를 부르고 음식을 만들며 철학을 이야기했다. 모순처럼 들릴지 모르지만 돈이 적을수록 내 삶은 더욱 부유해졌다.

물론 새로운 프로젝트에 대한 협상이 지연되고 결론이 나지 않거나 합의한 보수를 몇 달 뒤에야 받을 때에는 절망감이 슬며시 엄습할 때가 있었다. 나는 단련되고 의지가 강한 스토아 철학자가 아직 아니며 새로이 발견한 인생철학을 훈련하는 사람에 불과했기 때문이었다. 사람은 인내할 줄 알아야 한다. 나는 다니엘 디포의 《로빈슨 크루소》에서 멋진 글을 발견했다.

"무엇이 없다고 하는 불만은 우리가 갖고 있는 것에 대한 감사가 부족한 데서 생긴다."

절망이 고개를 들 때마다 나는 이 글을 떠올렸다.

시간이 흐르면서 내 절망감은 작아지고 자존감은 커졌다. 그리고 문제를 계속 생각하는 사이 나는 행복에 이르는 길이 — 적어도 나에게는 — 비움이라는 사실을 깨달았다.

"더 많이 가질수록, 더 많이 원할수록 무엇을 바라는 마음은 점점 커질 것이다."

나는 에픽테토스의 깨달음에서 받은 긍정적인 영향에 놀라면서 검소의 철학을 더 깊이 연구하고 지혜의 보물을 찾는 데 관심을 기울였다. 동양과 서양, 고대와 현대의 합리적 사상가들의 지식에 크게 감사하며, 비슷한 어려움에 빠진 친구들과 나 자신을 위해 내 경험을 글로 옮기기로 결심했다.

그리고 2004년 봄, 집필을 시작했다. 책을 쓴 경험이 없는 나에게 그것은 모험이었다. 위대한 철학가들의 사상체계를 철저히 연구하는 일은 아주 힘든 작업이었다. 더구나 사상의 요지를 찾아내어 창작에 이용하는 것은 더 힘든 일이었다. 작업은 매우 느리게 진행되었다.

가을이 되자 마침내 초고가 완성되었다. 나는 몇몇 친구에게 원고를 보여주었다. 내가 에픽테토스의 지혜에서 도움을 받았듯이 많은 친구들도 비슷한 치료 효과를 얻었다. 게랄트 블라이히는 이렇게 편지를 썼다.

"이 책을 끝까지 읽었어요. 마음이 무척 편해졌습니다. … 정신이상 증세도 사라졌고요. 정말 놀라운 책이에요."

이러한 평가에 나는 무척 기뻤다. 하지만 어떤 친구들은 칭찬과 함께 비판도 했다. 원고를 철저히 다듬어 준 낸시 애로우스미스는 내가 고대를 지나치게 숭상한다고 지적했고, 전문적으로 원고를 검토한 요하네스 하임라트는 내 글이 동양의 지혜에 편중돼 있는 것 같다고 했다. 내 매니저 니나 애로우스미스는 현대의 예문이 부족한 점을 아쉬워했고, 한스 크리스티안은 자본주의 비판이 너무 신랄하다고 말했다. 그런데도 모두 자신에게 유익한 점을 글에서 발견했다고 했다.

책이란 자아를 발견하는 데 쓰는 도구일 뿐이며, 사람은 저마다 자신에게 필요한 것을 책에서 찾는다. 나를 격려하고 도와준 모든 사람에게 진심으로 감사하며 이 작은 책으로 절망하는 사람들이 다시 일어나 삶의 기쁨을 발견하게 되기를 바란다.

2005년 7월 14일
야이트호프에서 미하엘 코르트

1장

나를 비워야 하는 이유

인간이 숭배한 가장 헛되고
무자비한 신神은 자유시장경제다

- 아담 스미스Adam Smith

자신을 파는 사람들

2004년 3월 어이없는 기사가
났다. 도르트문트 시에 사는 한 남자가 900만 유로의 로또복권에
당첨되었는데 남자는 자신이 정말 당첨금을 원하는지 확신하지
못하고 있었다. 10주 동안 고민한 뒤에야 남자는 뮌스터에 있는 서
독일 복권회사에 나타나 자신이 받을 몫에 대한 설명을 들었다.
모두들 남자가 이렇게 망설이는 것을 이상하게 생각했다. 행운의
사나이는 조용히 생각해 보고 싶었다며, 자신이 당첨금을 타는 데
주저한 이유를 설명했다. 그런데 이것이 전부가 아니었다. 남자는
심지어 돈을 완전히 포기하는 것까지 깊이 생각했다고 말했다. 그
러나 이렇게 많은 돈이면 좋은 일도 할 수 있다는 사실을 깨달은

뒤에야 당첨금을 타기로 결심할 수 있었다고 털어 놓았다.

그렇다면 과연 이 사람이 어떤 영혼의 소유자인지가 궁금해진다. 그의 직업은 무엇일까? 혹시 이미 막대한 유산의 상속자는 아닐까? 그의 아내는 남편의 의견을 어떻게 생각했을까? 당첨금은 어떻게 되었을까?

이 이야기는 독일과 폴란드의 국경 도시 괴를리츠의 옛 모습을 복원하는 데 해마다 5000만 유로를 내놓는 이름 모를 기부자를 떠올리게 한다. 기부자는 자신의 이름이 세상에 알려지는 날에 기부를 중단하겠다는 조건을 달았다.

현대의 대중매체, 특히 텔레비전이 자기표현 욕구를 병적으로 자극하는 요즈음 이 두 사람은 진정한 비움과 위대한 인간성의 증인이다. 평범했던 사람이 하루 아침에 유명해지는 일이 요즘처럼 쉬운 적은 없었다. 누구나 출연하여 자신의 끼를 발산할 수 있는 텔레비전 프로그램들은 성공을 만들어 내는 요술기계다. 보잘것없는 능력을 하룻밤 사이 스타로 바꾸어 놓을 수도 있다. 달변과 당찬 태도는 깊은 학식과 경험, 수년 간 이어온 끈기를 앞선다.

"노동은 수입원으로서 갖는 가치를 상실했다." 사회학자 지크하르트 네켈Sighard Neckel은 이렇게 진단한다. 그의 말은 충격적이다. 새로운 사회의 인간은 노력 없이 성공하고, 일하지 않고 부자가 되고, 삶의 고난과 맞서지 않으면서도 행복하기를 바란다. 이러한 바람은 대중매체와 대중음악, 광고와 마케팅이 점령한 시시각각 변화하는 시장의 메시지를 통해서 반복되고 강화된다.

"실제보다 겉모습이 중요하다."

이 메시지는 모든 분야로 파고든다. 거울에 비친 자신의 모습에 감탄하는 버릇은 마치 소금물과 같다. 마시면 마실수록 갈증은 심해진다. 그러므로 거대한 뷰티 시장은 소비 중독자로 전락한 사람들에게 무엇이 필요하고, 어떤 유행을 따라야 하며, 어떻게 보여야 하는지를 끊임없이 이야기한다. '어울리는' 티셔츠서부터 '이상적인' 가슴 크기까지, '최신 흐름인' 휴양지서부터 '유행하는' 엉덩이 문신까지.

비록 선택의 폭은 다양하지만 사람들은 어떤 형태로든 집단적 속박을 당한다. 기준에서 벗어나 인정받는 일은 거의 불가능하기 때문이다. 광고는 멋있고, 돈이 많고, 성공한 사람만을 끊임없이 보여준다. 그래서 사람들은 잘 빠진 몸매, 명품 의상이나 액세서리, 학벌, 초고층 호화 아파트 같은 겉모양을 지나치게 중요시한다. 그 결과 현대인은 이웃과 경쟁하고 자신과 경쟁한다. 거울에 비치는 자신을 하나하나 뜯어보며 겉껍데기만을 고친다. 내면의 가치는 이 인위적인 세상에서 거의 인정되지 않는다. 그러므로 끊임없이 새로운 유행을 만들고 갈수록 분주한 삶을 살아야 한다. 대중의 일부가 되기 위해서는 어떠한 유행도 따라야 하기 때문이다.

소비 중독자가 규격화됨으로써 경제적 수치와 그 수익자의 매상은 오르고 재산은 증가하는 긍정적 효과가 나타난다. 또한 대부분 사람들은 이 규격화 과정에 이끌려가고, 진짜 개성은 심각히 메말라 간다. 특히 텔레비전과 대중음악 분야, 경제계와 증권거래소와 같이 빠르게 변화하는 시장에서 일하는 마케팅 전략가들은 이러한 부족 현상을 절실하게 느낀다.

규격화된 삶과 생각이 지배하는 곳에서 독창성을 발견하기란 쉽지 않다. 창조적 발상이 나오기 위해서는 시간과 독특한 생활방식, 관습을 따르지 않는 생각이 필요하기 때문이다. 그러나 우리 사회에서 규격화는 이미 유치원에서부터 시작되어 초등학교와 중학교, 고등학교를 거쳐 대학교와 다른 교육기관에 이르기까지 지속된다.

이렇게 '규격화된 인간'은 규격화된 지식을 갖고 직장생활을 시작한다. 집과 자동차, 사회적 경력에서 음식과 여행에 이르기까지 그의 주변 환경은 모두 미리 정해져 있다. (예를 들어 뉴질랜드에서는 완벽한 하이킹 관광을 즐길 수 있다. 하지만 모든 관광객은 정확히 그려진 길만 가야 하고, 숲에서 밤을 지내면 안 되며, 저녁이 되면 지정된 오두막에 도착해 지정된 침대에서만 잠을 자야 한다.) 규격화된 대중은 시간이 날 때 스키장이나 디스코텍, 술집이나 영화관과 같은 규격화된 유흥지를 찾아가고, 스릴러나 서부활극, 공상과학이나 전쟁 영화를 보며 규격화된 모험을 즐긴다. 시트콤과 드라마는 규격화된 일상의 모습을 반영하며 강화시킨다. 모든 소비자는 이렇게 인위적으로 짜여진 세계에 종속되어 살며 그 값은 마약처럼 비싸다. 값비싼 삶, 바로 여기에 규격화된 거대 산업의 목적이 있다.

반면 상품을 만드는 사람에게는 계속해서 '깜짝 놀랄 새로운 것'을 만들 아이디어가 필요하다. 그래서 필사적으로 아이디어를 찾던 제작자는 '빅 브라더'와 같은 난해한 리얼리티 방송을 만들기에 이른다. 그러나 이런 종류의 시리즈물은 내용이 허황되고 소재가 빨리 바닥나기 때문에 점점 더 저속한 방향으로 나갈 수밖에 없다. 결국 이 멍청한 프로그램은 방송에서 제외되고 '신선한 것'을 찾으려는 분주한 노력은 새로이 시작된다.

그러나 사회의 규격화에 물들지 않은 사람이 거의 없다면 프로그램 제작자는 어디서 더 새로운 것을 찾을 수 있을까? 따라서 그는 조야한 부부의 일상이나 추잡한 동성연애 혹은 미성년자와 성관계를 맺는 경험들에 달려들 수밖에 없다. 모두 성교육이라는 미명 아래서 말이다. 또는 신동이나 몽골의 샤먼 혹은 동굴 속에 사는 에티오피아인 같이 특이한 것을 찾아 나서기도 한다. 젊은 작가나 예술가도 '신선함' 으로 좋은 인상을 줄 수 있어 그것을 잘 이용한다면 대중매체에서 자신을 최대한 상품화할 기회를 얻을 수 있다. 무엇을 얼마나 잘 쓰는지, 작품의 예술성이 얼마나 높은지는 중요하지 않다. 중요한 것은 자신을 얼마나 드러내보이는가이다. 특이하거나 뛰어나거나 둘 중 하나다. 어쨌든 '신선한 재능' 만 있으면 된다.

예를 들어 현대판 정글북 '늑대 소년' 은 100% 수익을 올린 가짜 이야기다. 이야기는 트란실바니아의 어느 신부가 산을 오르다 숲 속 동굴에서 열일곱 살 소년을 발견하고 집으로 데려와 말하기와 쓰기를 가르친다는 내용으로 시작된다. 마케팅 전략가는 비즈니스 플랜과 마케팅 전략을 세운 뒤 상업 작가에게 감상적인 《늑대 소년의 인생》을 써 줄 것을 주문한다. 알려지지 않은 독일계 루마니아 배우 두 명이 신부와 늑대 소년의 역을 맡는다. 배우들은 할리우드 스타처럼 신중히 선발되어 훈련을 받는다. 신부는 괴테와 권터 그라스Günter Grass가 혼합된 듯한 얼굴로 카메라를 잘 받아야 하고, 늑대 소년의 모습에는 젊은 제임스 딘의 야성미가 흘러야 한다. 책이 출간되기 직전 철저히 계획된 언론의 소용돌이는 전 유럽에 센세이션을 일으킨다. 신부와 늑대 소년은 일간지 〈빌트〉부터 텔레비전 오락 프로그램 〈내기할까요?〉에 이르기까지 인기리에 오르내리며 사람들의 마음을 움직이고, 늑대 소년의 '인생 이야기'를 베스트셀러 목록에 올려놓는다. 완벽한 센세이션이다.

그리고 적절한 때에 다큐멘터리를 방영해 책 판매에 불을 지핀다. 그 사이 작가는 신부의 스토리 《늑대 소년을 만나기까지》를 준비하고, 그 다음 늑대 소년의 두 번째 이야기 《인간 세상에서》를 책으로 펴낸다. 그 동안 작사가와 작곡가는 향수를 불러일으키는 민요가락에다가 지어낸 가사를 붙여 〈늑대 소년의 노래〉를 만들고, 가수나 성우가 녹음한 음반을 늑대 소년의 초상화와 함께 판다. 이렇게 시장을 준비한 뒤 마케팅 전략가는 영화 제작자를 찾아가 이 성공 스토리로 영화를 만들 것을 협의한다. 영화는 전 세계 시장에 팔리고 몇 달 후에는 DVD로 출시되며 텔레비전에서 재방송된다.

이제 늑대 소년은 슈퍼스타이므로 마케팅 전략가는 상업 작가와 서바이벌 전문가에게 《자연에서 살아남기―늑대 소년의 타고난 지식》을 쓰도록 주문한다. 책에는 트란실바니아의 거칠고 낭만적인 숲을 찍은 화려한 사진과 요리법, 늑대 소년의 지혜로운 말이 실리고, 오두막을 짓고 성냥 없이 불을 지피는 방법 따위가 소개된다.

이 책 역시 베스트셀러 차트에 오르고 나면 이번에는 이벤트 여행사가 '늑대 소년의 발자취를 따라서'라는 이름으로 여행 상품을 내놓는다. 그 사이 신부와 소년은 수많은 토크쇼에 바쁘게 얼굴을 내밀고, 토크쇼에 출연한 인류학자와 신학자들은 경악하는 방청객에게 일대 사건을 설명해 준다.

신부와 늑대 소년은 이제 유명한 익살 커플이 된다. 재벌은 '늑대 소년 패션'을 상품화하고 '늑대 소년 사냥' 같은 컴퓨터 게임을 만들 수도 있다. 마침내 아이디어가 바닥나고 마지막 하이라이트에 이르러 모든 미디어 서커스가 끝나면 카메라는 그 사이 문명의 스트레스가 지긋지긋해서 자연으로 돌아가는 늑대 소년을 따라간다. 자연은 문명에 지친 도시인도 살고 싶은 곳이다.

사건과 관계한 사람은 모두 허풍으로 돈을 벌었고, 마케팅 전략가와 재벌은 어마어마한 액수를 긁어모았다. 거짓으로 꾸민 늑대 소년 이야기가 꼭 나쁘다고 말할 이유는 사실 없다. 아주 오랜 옛날부터 인간은 이야기를 짓고, 지어낸 이야기는 문화의 기초가 되었기 때문이다. 늑대 소년 이야기가 비열한 까닭은 그 모든 것이 진짜라고 속인 데에 있다.

우리는 마치 쇼와 같은 세상에 사는 느낌이 든다. 스물두 살 할리우드 배우 헤이든 크리스텐슨Hayden Christensen은 자신이 속한 세대는 무조건 유명해지기만을 바란다고 말하며 그 점을 꼬집었다. 자신을 드러내는 일이 정직한 노동보다 높이 평가될 때가 많다. 그렇게 해서 나타나는 정신적 노출증은 전염병처럼 우리 사회를 오염시킨다. 현대인은 해 놓은 일 없이 무엇을 성취하기 위하여 병적으로 노력한다. 이러한 시도의 대가는 점점 커지고, 자신을 상품화하는 것은 그 자체가 내용이면서 성과가 된다. 나쁜 말로 '자신을 파는 일'이 끊임없이 요구되는 것이다.

옛날 사람들은 노예나 동물을 팔았지만 현대인은 자신을 상품화할 정도로 진보했다. '나 주식회사'의 이기적 구상은 성숙한 가치의 척도를 밀어내고, 경제적 강자의 논리만을 인정한다. 이익이 생긴다면 계약을 파기하고, 오랫동안 함께 일한 직원을 해고하며,

경쟁자를 강압적으로 제거한다. 이렇게 해서 우리는 인간적 가치를 붕괴하는 두 번째 해악에 대하여 말한다. 바로 맹수 자본주의 Raubtier-Kapitalismus의 탐욕이다.

비움 ❶

—스티브 스탠잭

뉴욕대학교 2학년생 스티브 스탠잭 Steve Stanzak은 부당하게 학생들의 돈을 빼앗는 대학 경영에 황당한 구상으로 대응했다. 초등학교 보조교사와 베이비시터, 사회복지사와 집사로 한 주에 30시간 일하는 스티브는 한 해 장학금 1만 5000달러와 학자금 융자를 받아 등록금 3만 1000달러를 겨우 마련할 수 있었다. 그렇지만 월세와 뉴욕의 비싼 생활비는 도저히 감당할 수가 없었다. 스티브는 결국 대학도서관 컴퓨터실 기계 사이에서 숙식을 하기로 결심했다. 학교 경비가 그를 눈감아 주었다. 나중에는 한 층 아래 문서실로 잠자리를 옮겼다. 그리고 8개월 동안 문서실 한구석에 의자 네 개를 잇대어 만든 침대에서 잠을 잤다.

샤워는 체육관에서 하고 숙제는 맥도날드에서 했다. 학교 친구들은 스티브가 직접 만든 웹 사이트를 통하여 그의 이 '검소한' 생활을 관찰할 수 있었다. 스티브는 사이트에서 '무일푼 녀석이 대학 졸업장을 따려고 애쓰는 안간힘'을 보여주었다. 그는 자신의 사이트를 통하여 많은 사람들을 알게 되었고, '집 없는' 다른 사람들에게서 초대도 받았다. 노숙자로 산 경험이 있는 레이와 함께 길거리 청소년을 위한 집을 방문한 뒤 스티브는 인터넷 일기장에 이렇게 썼다.

"나는 아무것도 아니다. 잠잘 곳과 할 일이 있어서 행복하다. 나는 노숙을 하지만 노숙을 하는 것은 아니다."

그 후 스티브는 자신이 받는 기부금을 노숙자 기관으로 보냈다.

발상이 독특하고 현실과 타협하지 않는 이 대학생은 2004년 4월 미국 전역에서 유명인사가 되었다. 〈뉴욕 타임스〉는 스티브를 표지에 싣고 '대학의 디오게네스'라는 제목으로 기사를 썼다.

대학의 학장은 스티브를 학장실로 불렀다. 학장은 이 유명한 대학생과 인사를 나눈 뒤 그가 살아온 이야기를 들려 줄 것을 부탁했다. 이후 대학 당국은 이 현대판 스토아 철학자에게 기숙사 방을 무료로 제공했다. 뉴욕대학 대변인 존 베크맨은 그를 후원하는 이유를 이렇게 설명했다.

"경제적 어려움을 아주 특별한 방법으로 해결한 스탠잭은 분명 학교 역사에 남을 것입니다. 우리는 그가 자랑스럽습니다."

스탠잭은 강조해서 말했다.

"도움을 받으려고 한 것이 아니라 살아남기 위해 그렇게 한 것입니다."

스탠잭은 대학 당국의 혜택이나 웹 사이트 독자의 호응을 전혀 예상하지 못했다. 그는 스토아 철학자의 원칙을 실천한 것이다.

"자신의 능력으로 가능한 일만 하라. 그리고 다른 일은 걱정하지 마라. 어차피 할 수도 없고, 영향을 줄 수도 없다."

욕망에는 끝이 없다

작가 제임스 조이스James Joyce
는 사업 파트너에게 자꾸 사기를 당한다고 자신의 학생 이탈로 칼
비노Italo Calvino에게 불만을 토로했다. 그러자 칼비노는 이렇게 말
했다.

"사업을 하면서 사기 당하는 것은 늘 있는 일 아닌가요?"

만약 칼비노가 오늘날 엔론ENRON 경영진의 거대한 회계 사기
나 이라크 전쟁의 추악함, 혹은 수십억 소액투자자들의 자산을 '합
법적' 음모로 빼앗는 은행을 본다면 무슨 말을 할까? 도이체 방크
같은 기업이 합리적 경영을 한다는 명목으로 수많은 인력을 감축
하는 것은 정상일까? 또한 감축으로 '성공한' 경영진이 그렇지 않

아도 적지 않은 봉급에 두둑한 보너스를 챙기는 것은 정상일까? 도이체 방크의 간부는 평균적으로 669만 유로의 급료를 받고 사장은 1100만 유로를 받는다. 베르톨트 브레히트Bertolt Brecht는 이런 말을 했다.

"은행을 운영하는 일은 약탈보다 더 큰 범죄다."

돈에 대한 욕심은 부끄러움도 한계도 모른다. 그리스 철학자 플라톤은 이렇게 말했다.

"만약 사회에서 가장 큰 부자가 보통사람보다 스무 배 많은 재산을 갖고 있다면 국가 체제를 유지하는 일은 아직 가능하다."

그러나 현대 맹수 자본주의에서는 부자와 소시민의 소득격차가 300배가 넘는다. 사회윤리나 국가로부터 아무런 제재도 받지 않는 욕망의 끝은 어디일까? 미국의 메릴린치 은행은 지난해 직원 2만 명을 해고했고 스탠리 오닐 사장은 이 '성과'로 3250만 달러의 연봉과 2800만 달러의 성과수당을 챙겼다. 1922년 폴 발레리Paul Valéry는 유럽 정신의 본질이란 '최대한 극대화하려는 욕망'이라고 정의했다. 그 본질이 지속적으로 발전해서 성공만 좇는 미국적 사고가 되었다.

"유럽의 정신이 주도하는 곳에는 모두 최대한의 욕구, 최대한의 자본, 최대한의 수익, 최대한의 야망, 최대한의 권력, 최대한의 자연 침해, 최대한의 관계와 교류가 일어난다."

전설적인 인디언 추장 시팅 불Sitting Bull은 1866년 한 연설회장에서 유럽 출신 미국 백인들의 정신적 결함을 이렇게 말했다.

"저들은 탐욕이라는 병을 앓고 있습니다. 그들은 많은 법을 만들었지만 부자는 그것을 어겨도 되고 가난한 자는 어겨서는 안 됩니다. 저들의 행정가는 돈 많고 힘 있는 자들의 지지를 얻기 위하여 가난하고 힘없는 사람들에게서 돈과 기회를 빼앗습니다."

이 해악은 전염병처럼 퍼져서 경제와 사회, 심지어 사생활의 모든 영역으로까지 침투하였다.

미국 하버드 대학의 경우도 예외는 아니어서 이미 많은 분야에서 해악의 정도가 심각해졌다. 자산 규모가 190억 달러가 넘는 이 엘리트 학교는 그 자체로 경제계의 거물이며, 재정 능력은 여러 작은 주의 재정을 능가한다. 하버드 대학은 '별도로' 뉴질랜드에 상당한 규모의 숲을 소유하고 있기까지 하다. 세계에서 가장 돈이 많은 이 대학은 그런데도 돈 걱정에 고심을 한다. 하버드 대학생 한 사람의 1년 학비는(숙식비와 수업료를 합해서) 거의 4만 달러다. 이것은 결코 적은 돈이 아니다. 살림이 아주 넉넉한 부모만 댈 수 있다. 어쨌든 세계적인 석학인 교수들의 막대한 봉급을 지급해야 하니까. 이러한 고급 지성인은 한 해에 50만 달러까지 보수를 받는다. 하지만 이것은 대학의 재산을 관리하는 하버드 경영회사Harvard Management Company 사람들이 받는 돈에 비하면 오히려 박봉 수준이다. '가장 성공한' 여섯 명의 관리자는 대략 1억 달러의 급여를 받고, '가장 우수한' 두 명은 각각 3500만 내지 3400만 달러를 받는다. 이들은 대학 총장보다 68배나 많은 돈을 버는 것이다.

독일 시사주간지 〈슈피겔〉 온라인 판에 따르면 하버드 의과대학 출신으로 성공한 의사 테리 벤네트는 이같은 대학행정을 생각하면 울화가 터진다고 말한다.

"고위 관리자 한 명에게 급여를 주기 위해서는 나 같은 사람 열 명이 필요합니다."

벤네트의 분노는 충분히 이해할 수 있다. 자신의 기부금으로 관리자의 월급이 아닌 형편이 어려운 의대생들의 학비를 보조해주는 것이 그의 바람이기 때문이다.

〈슈피겔〉 온라인 판 기사에 따르면 베를린에서는 "하노버나 도르트문트 시 인구에 맞먹는 빈민집단이 계속 증가하고 있다."고 한다. 베를린은 좌파연합인 사민당(SPD)과 민주사회당(PDS)이 집권해서 더 많은 긴급구제 행정을 적극적으로 실시하는 도시다. 그러나 베를린 동부 마르찬이나 헬러르스도르프에 형성된 게토 구역에서는 도시 빈민들의 비참한 생활상을 볼 수 있다.

미국의 재정고문 브라이언 폴리Brian Foley는 신 귀족의 탐욕을 이렇게 표현했다.

"가려내거나 해고하고 혹은 다른 방법으로 내쫓은 사람들의 등 뒤에서 파티를 즐기는 기업은 많다. 누구는 금으로 만든 접시로 밥을 먹지만, 누구는 형편없는 찌꺼기를 먹는다."

무엇보다 화가 나는 것은 엄청난 수익을 올리는 기업일수록 큰 문제없이 직원들의 보수를 삭감할 수 있다는 사실이다. 예를 들어 미국의 성공한 기업 월마트의 일반직원은 한 시간에 평균 6.5 달러를 번다. 이 돈으로는 건강보험료도 낼 수가 없다.

미국 작가 데이비드 쉬플러David K. Shipler는 자신의 새로운 연구 〈일하는 빈민The Working Poor〉에서 저임금 노동자 대부분에게는 승진 가능성이 없다는 답답한 현실을 보여 준다. 쉬플러가 한 월마트 지점장과 인터뷰를 하며 수입이 최저생계비도 되지 않는 직원에게 회사가 시간당 임금을 몇 달러 더 줄 수는 없는지 묻자 지점장은 이렇게 대답했다.

"물론 가능하지요. 이윤은 충분할 테니까요. 하지만 그렇게 한다면 다른 걸 아껴야 할지 몰라요. 어쩌면 가게 안에 예쁜 풍선을 더 많이 달 수는 없겠지요."

이런 냉소주의에는 말문이 막힐 수밖에 없다. 이렇게 끔찍이 미국적으로 보이는 상황은 독일에서도 쉽게 찾아볼 수 있게 되었다. 2004년 3월 말 독일연방 노동경제부는 임금협약에 따른 시간급여가 6유로에 미치지 못하는 직업군을 발표했다. 거기 보면 대략 2800개에 달하는 직업군 가운데 130개 이상에서 사실상 최저임금도 되지 않는 보수가 지급된 사실이 증명되었다. 이는 대략 280만 명으로 독일 전체 근로자의 7.5%에 해당된다.

그렇지만 맹수 자본주의의 더 심각한 폐해는 따로 있다. 오늘날 대부분의 섬유회사는 저임금 국가에서 제품을 생산한다. 대개 어린이 노동에 근거하는 이러한 착취는 높은 수익을 보장하지만, 많은 회사의 사장님은 중국이나 우크라이나의 임금노예가 너무 많은 돈을 받는다고 생각한다. 그래서 바로 뉴욕에서 더 없이 값싼 생산방법을 찾아내었다.

뉴욕에 있는 낡은 공장 건물 안에서는 — 귀찮은 노동조합의 간섭 따위 없이 — 일자리를 찾을 가망성이 없는 제3세계 여성 이주자들이 말도 되지 않는 시간당 1달러를 받으며 옷을 만들고 있다. 더 기가 막힌 사실은 이 여성들이 쓰는 재봉틀은 손으로 돌리는 20세기 초반의 구식 모델이라는 것이다. 노동자를 착취하는 회사는 이렇게 함으로써 전기료도 절약할 수 있다.

그러나 탐욕이라는 전염병은 결코 경제나 공공 분야에만 국한되지 않는다. 모든 육체적 혹은 정신적 전염병이 그렇듯이 탐욕도 빠른 속도로 퍼져 나간다. 국경과 대륙을 뛰어넘어서 곳곳으로 깊숙이 침투해 들어간다. 인간의 가치를 결정하는 요소가 돈과 명예, 성공으로 축소되면서 수백 년 동안 쌓아 온 문명의 업적은 사라져 버린다.

도덕적 타락이 바이러스처럼 퍼지기 때문에 "가난한 사람이 부자처럼 죄악을 범하는 것은 이상한 일이 아니다. 다만 가난한 사람은 벌을 받는다는 사실을 제외하면." 이것은 존 게이John Gay의 유명한 〈거지 오페라Beggar's Opera〉에 나오는 말이다.

존 게이의 오페라를 바탕으로 베르톨트 브레히트와 엘리자베스 하우프트만Elisabeth Hauptmann은 〈서푼짜리 오페라Dreigroschenoper〉를 만들었다. 똑똑한 세금 전문가가 자신의 돈을 '합법적으로' 세금 천국으로 옮기는 것은 수공업자가 세금을 조금 횡령하고 도망갈 곳을 몰라 나중에 벌금을 내야 하는 것과는 다른 문제다.

탐욕이라는 전염병은 경제와 공공생활의 모든 영역으로 파고 든다. 재벌은 '적대적 인수'로 경쟁자를 합병하고, 사장은 직원과 노동자를 착취하고, 회사원들은 직장동료를 따돌려 해치우고, 공무원은 일반 납세자들의 고혈을 짜낸다. 이 전염병은 또한 사생활도 그냥 지나치지 않는다. 가치가 붕괴하면서 존엄과 품위, 신의와 믿음에 대한 감정이 사라진다. 라 로슈푸코La Rochefoucauld는 도덕적 깊이가 있는 멋진 말을 했다.

"친구의 속임수에 넘어가는 일보다 친구를 믿지 않는 일이 더 부끄러운 것이다."

이른바 '친구'가 속되고 고약한 사기를 친다면 이 훌륭한 윤리적 규범을 지키는 일은 물론 어려워진다. 그렇지만 다른 도리가 없다. 도덕적 업적을 포기하는 것은 우리 자신을 포기하는 것이다.

인류의 위대한 종교나 교단 창시자 혹은 스승은 모두 오늘날 자본주의 사회에서 일어나고 있는 이러한 위험을 직시했다. 마호메트는 코란에서 수입의 10%를 가난한 사람에게 주라고 말했는데 충직한 이슬람교도들은 오늘날까지 이를 지키고 있다. 또한 부처는 증오와 시기, 소유욕이 영혼에 해롭다고 말했고, 예수가 십자가에 박혀 사형을 당한 것은 자신이 신의 아들이라고 칭했기 때문이라기보다는 고리대금업과 부동산투기를 하는 사두개 사람들, 예루살렘 성전을 은행으로 이용하던 성직자들을 신랄히 비판했기 때문이다. 이들은 예수의 행위에서 가난한 군중이 일으킬 반란의 조짐을 본 것이다.

신약성경은 이익을 탐하는 마음과 탐욕을 강하게 비난하기 때문에 기독교의 전성기에는 이자를 받고 돈을 빌려 주는 행위를 죄악시했다. 정직하게 일하지 않고 이익을 얻는 것은 중세 사람들의 정의감으로 볼 때 악마의 소행이었다. 하지만 오늘날에는 이 근본악이 글로벌 경제시스템의 밑바탕을 이루고 있다.

성공과 이득은 현대인의 주요한 가치다. 현대 사람들이 어릴 때부터 쏟는 노력은 모두 성공과 이득을 얻기 위해서다.

불행의 근원으로 돌아가 보자. 슈퍼마켓 점원에서 모터기술 개발자에 이르기까지, 치과의사에서 초등학교 교사에 이르기까지, 누가 자신의 일에 기쁨을 느끼며 살까? 사람들은 일의 압박과 스트레스에 지쳐서 오랜 휴가의 자유를 갈망한다. 매년 실시되는 갤럽조사에 따르면 일에 대한 독일인의 만족도는 놀라울 정도로 낮다. 설문 응답자 가운데 약 88%는 일에 대한 욕구를 느끼지 못한다고 대답했다. 그래서 기껏 업무지침에 따라서 일을 처리하거나 심지어 복수심으로 일부러 회사에 손해를 입힌다고 밝혔다.

이상하게도 비교적 일이 수월하고 편한 사무직 종사자들은 끝없이 자신의 일을 위하여 싸워야 하는 프리랜서나 소기업 경영자들보다 몸이 더 피로하고 마음이 우울하며 건강이 나쁜 편이다. 모든 직종 가운데 아픈 사람이 가장 많은 직업은 공무원이라는 통계가 있다. 그리고 공무원 중에서도 3개월 동안 방학하는 교사의 건강이 가장 좋지 않다고 한다. 프리드리히 니체는 특유의 촌철살인으로 문제를 이렇게 꼬집었다.

"예나 지금이나 모든 사람은 노예와 자유민으로 나뉜다. 하루 중 3분의 2를 자신을 위해 쓸 수 없는 사람은 노예다. 정치가든 상인이든 공무원이든 학자든 누구든지 노예가 될 수 있다."

통계로 보면 수입이 적어서 생존을 위하여 끝없이 싸워야 하는 사회적 안전장치가 없는 사람이 대개 건강하다. 바로 프리랜서와 같은 사람이다. 점점 비대해지는 관료주의 때문에 비생산적이고 의미 없는 일은 늘어나지만, 관료주의는 이익 중에서 가장 큰 몫을 챙긴다. 어느 미국 사회학자는 창조적 직업을 이렇게 설명했다.

"할 수 있는 사람은 행한다. 할 수 없는 사람은 가르친다. 할 수 없고 가르치지 못하는 사람은 관리한다."

앞에서 든 하버드 대학의 사례에서는 관리자가 돈에 관한 한 항상 승자라는 사실이 분명해진다. 관리자는 교수보다 사실상 더 많은 돈을 주머니에 챙긴다. 또한 교수가 가르치는 내용 대부분은 창조적 정신의 소유자가 발전시킨 것이다. 그런데 이 창조적 정신의 소유자는 바로 그 창조적 일로는 먹고사는 일이 막막하던 사람이다. 모차르트는 가난한 사람들이 묻히는 묘지에 묻혔다. 지난 200년 동안 모차르트의 작품 연주와 그 밖의 다른 상품화의 가치를 따진다면 모차르트는 380억 달러 재산을 가진 빌 게이츠보다 10배 더 큰 부자여야 한다.

그러나 부자란 누구인가? 부는 매우 상대적인 것이 아닌가. 그리고 큰 재산이 진정한 행복의 근원인지는 알 수 없다. 그리스 선박왕 아리스토텔레스 오나시스Aristoteles Onassis에게 백만장자는 '돈이 엄청 많은 불쌍한 사람'이다. 〈다이너스클럽 매거진〉의 발행인 한스 크리스티안 마이저Hans Christian Meiser의 관찰은 놀랍다. 마이저에게 별 다섯 개짜리 최고급 호텔의 손님은 벨벳과 실크를 몸에 휘두른 가엾은 존재로 비친다. 이들은 의기소침하고, 슬프고, 의심 많고, 오만하고, 음울하다. 별의 수가 적은 호텔일수록 손님들의 표정은 더 밝고 유쾌하다.

이 세상에서 가장 행복한 사람들이 사는 곳을 찾던 한 미국 인류학자의 연구에서도 비슷한 결과를 볼 수 있다. 사회보장제도가 발달한 서구 선진국의 부유한 사람들 가운데 자신이 불행하다고 느끼는 사람이 가장 많았다. 하지만 아프리카 서부에 위치한 말리 공화국이나 나이지리아처럼 내일 일을 알 수 없는 가난한 나라의 주민들은 즐겁고 유쾌한 기분으로 생을 살아간다.

비움 ❷

—블레즈 파스칼

프랑스의 뛰어난 물리학자이며 철학자인 블레즈 파스칼Blaise Pascal은 그의 유명한 명상록 《팡세Pensée》에서 정곡을 찌른다.

"사람은 어릴 때부터 명예와 소유와 친구, 거기에 친구의 소유와 명예를 걱정해야 하는 부담을 안는다. 많은 일을 하고 열심히 말을 배우며 연습해야 한다. 세상 사람들은 말한다. 자신과 친구의 건강, 명예, 재정 상황이 좋지 않으면 행복할 수 없다고. 그리고 이 가운데 하나라도 없으면 불행하다고. 그래서 사람들은 아침에 해가 뜨는 순간부터 일을 한다. 당신은 이렇게 말할지 모른다. 그것은 사람을 행복하게 만드는 좋은 방법이라고. 그러나 실상 이것은 사람을 불행하게 만드는 방법이다. 그렇다면 무엇을 할 수 있느냐고? 단지 이 모든 걱정을 없애기만 하면 된다. 그러면 사람은 스스로 생각하게 된다. 자신이 무엇인지, 어디서 왔는지, 어디로 가는지. 쉼없이 일하고 바쁘게 살아가는 상황에서는 도무지 다른 쪽에 주의를 기울일 짬이 없다. 세상 사람들은 우리에게 이렇게 할 일을 잔뜩 떠안기고는 혹 시간과 마음의 여유가 있다면 놀고, 아니면 항상 바쁘게 살라고 조언한다. 사람의 마음이란 얼마나 공허하고 악취가 나는 것인지!"

깊은 통찰력으로 이 글을 쓴 파스칼은 자신이 말한 대로 삶을 산 위대한 인물 가운데 하나다.

파스칼의 아버지는 책도 선생도 없던 아들이 방 타일에 그림을 그리던 작은 목탄을 들고 유클리드의 명제를 풀자 그가 천재임을 알아차렸다. 이때 파스칼의 나이는 열두 살 정도였다. 아버지는 재무행정 장관직을 버리고 신동인 아들의 교육에 전념하기 위하여 파리로 갔다. 아버지의 결정은 옳았다. 열여섯 살 때 파스칼은 원뿔 곡선에 대한 논문을 써서 학자들을 놀라게 했다. 열아홉 살에는 복잡한 산술이 가능한 계산기를 발명했고 스물세 살에는 기압 측정에 관한 놀라운 지식으로 학계를 깜짝 놀라게 했다.

그러나 1654년 11월 24일 밤 파스칼은 학문이 진정한 의미에서 인간에게 가치가 없다는 것과 신에게 귀의하는 것이 정신의 진정한 과제임을 깨달았다. 그러고 나서 그는 종교에 헌신하기 위하여 포트 로얄Port Royal 수도원으로 들어가 신이 바라는 삶을 살려고 노력했다. 파스칼은 세상과 떨어진 채 엄청난 철학적 사상 체계를 발전시키고 매우 아름다운 언어로 명확한 결론을 이끌어 내었다.

"모든 물체, 하늘, 별, 땅 그리고 자연계는 가장 작은 정신보다 소중하지 않다. 정신은 자신과 이 모든 것을 알지만 물체는 아무것도 모르기 때문이다. 그리고 물체와 정신을 합한 것과 물체와 정신이 함께 만든 작품은 가장 작은 사랑보다 귀하지 않다. 사랑은 비교할 수 없이 숭고한 질서에 속하기 때문이다."

그러나 파스칼은 육체적으로는 끊임없는 산통(疝痛)과 두통, 불면과 잇몸 염증으로 고통당했다. 다른 수사들이 정성을 다해 보살폈지만 파스칼은 모든 안락을 포기하고 자신에게 필요한 것을 스스로 해결했다. 그는 명랑함을 잃지 않았고, 심지어 병이 든 가난한 사람들을 돌보았다. 파스칼은 자신의 질병을 신에게 감사하며 "질병이란 그리스도인에게 어울리는 유일한 상태"라고 말했다. 이 유쾌한 철학자는 자신이 건강해지는 것을 진심으로 두려워했다.

파스칼은 정신의 날개를 달고 평범한 인간이 이를 수 없는 높은 경지에 올랐다.

파스칼이 세상을 떠난 뒤 누이 질베르트는 그가 남긴 미완성 작품을 발견했다. 그의 《팡세》는 세계 문학사에서 가장 아름다운 작품으로 꼽힌다. "마음에는 논리를 모르는 논리가 있다."고 이 위대한 프랑스 철학자는 말했다. 그러나 그는 "인간을 보면 볼수록 나는 내 개를 더 사랑하게 된다."고 말하기도 했다.

블레즈 파스칼은 1623년에 태어나 1662년에 숨을 거두었다. 그가 수학과 물리학에서 이룩한 위대한 발견은 지금도 결코 무시할 수 없다. 파스칼의 이름은 오늘날 국제적으로 통용되는 기압의 단위로 쓰이고 있다. 여기 기억하기 위하여 적는다. $1Pa=1N/m^2$

나를 무엇으로 채울 것인가

누구의 주인도 누구의 종도 아니다
소박하지만 규칙적인 수입, 이것이 바로 사람의 행복이다

– 하피즈Hafiz

비움 ③

—루트비히 비트겐슈타인

부유한 북아메리카와 중부 유럽 그리고 아시아에 사는 사람들보다 아프리카의 가난한 사람들이 더 행복하다면 이는 생각해 보아야 할 문제다. 사람이 비록 돈으로 행복하게 되지는 않지만 마음은 편해진다는 말은 어쩌면 틀린 것인지 모른다.

살아 있는 동안 200쪽이 안 되는 글을 발표한 (그 글에 관한 논문은 오늘날까지 2000편에 이른다.) 철학자 루트비히 비트겐슈타인Ludwig Wittgenstein 역시 사람을 행복하게 하거나 마음을 편하게 하는 돈의 성질을 크게 의심했다. 비트겐슈타인이 좇던 가장 큰 목표는 명예나 성공, 부(富)가 아니라 명백함과 순수함, 투명함이기 때문이다.

쇠와 강철 왕국의 제왕이던 비트겐슈타인의 아버지는 아들에게 베를린에서 기계공학을 공부하도록 시켰다. 나중에 자신의 기업을 넘겨주고 싶었기 때문이다. 그러나 2년 뒤 영국으로 건너간 비트겐슈타인은 연구 프로그램에 참여해 비행선과 풍선 기구를 제작하고 동력 모터를 개발하는 데에 몰두했다. 그는 이미 어릴 때에 철사와 성냥개비로 실제 작동하는 재봉틀을 조립한 적이 있었다.

비트겐슈타인은 신종 제트 프로펠러를 개발해 냈다. 하지만 프로펠러의 구조를 구상하면서 그는 자신을 매료시킨 것이 사실은 정신의 고공비행임을 깨달았다.

"이 때 …그는 갑자기 철학에 사로잡혔다. …변화였다. 그가 살면서 겪어야 했던 많은 변화의 시작이었다."

그의 누이 헤르미네는 이렇게 썼다.

스물세 살 때 비트겐슈타인은 자신의 생각이 심상치 않음을 느끼고 신논리학의 거장 버트란트 러셀Bertrand Russell 교수를 찾아갔다.

"제가 바보라고 생각하세요?"

"그게 왜 알고 싶나?"

"만약 바보라면 조종사가 되고 아니라면 철학자가 되려고요."

러셀은 문제를 해결하기 위하여 비트겐슈타인에게 짧은 철학 논문을 쓸 것을 청했다. 그리고 잠시 뒤 그는 할 말을 잃었다. 비트겐슈타인의 글을 읽자마자 러셀은 그가 완벽한 천재의 전형임을 알아차렸다. 열정적이고 심오하며 집중력 있고 능숙한.

하지만 비트겐슈타인은 바로 자신의 천재성 때문에 대학에서 성공할 수 없었다. 그는 박사 학위논문에 머리말, 각주, 참고문헌 따위 같은 아카데미적 겉치레가 불필요하다고 생각했다. 지나치게 꼼꼼한 교수들은 그의 천재적인 논문을 퇴짜 놓았다. 논문은 15년 후 모든 규정을 없앤 뒤에야 비로소 인정을 받았다. 유명해진 비트겐슈타인의 번득이는 정신을 깨달은 옥스퍼드 대학 교수들은 그에게 즉시 명예박사 학위를 주었다.

아버지가 돌아가시자 비트겐슈타인은 막대한 부자가 되었다. 1914년 비트겐슈타인의 수입은 대략 30만 크로넨(30만 유로 이상)에 달했다. 금욕주의자더러 이 많은 돈을 어떻게 쓰라는 말인가? 비트겐슈타인은 이렇게 자신에게 물으며 그 가운데 3분의 1을 릴케Rilke와 코코슈카Kokoschka처럼 가난한 예술가들에게 주었다. 2만 크로넨을 받은 병든 게오르크 트라클Georg Trakl은 너무 기쁜 나머지 신경쇠약에 걸렸다. 돈이란 위험한 물질이다.

비트겐슈타인은 홀가분한 삶을 살고 싶어서 유산을 형제들에게 나누어 주고 서른 살에 견실한 직업 기술을 배웠다. 11개월 뒤 초등학교 교사가 된 그는 플란넬 바지를 입고, 선원용 모자를 쓰고, 초라한 산골 마을 트라텐바흐의 학생들에게 놀라운 지식의 지평선을 열어 주었다. 별이 총총히 빛나는 밤하늘을 설명해 주고, 광산과 박물관을 함께 구경하고 박봉을 털어서 가난한 학생들의 여행비를 대주었다. 그렇지만 그는 성질이 변덕스러운 나쁜 교육자이기도 했다. 자신의 기분이 우울하면 학생들에게 따귀세례를 퍼부었다. 한 학생이 따귀를 맞고 의식을 잃자 그는 자신이 직업을 잘못 선택했음을 깨닫고 빈에 있는 수도원에서 6개월 동안 정원사로 일했다.

그 후 비트겐슈타인은 영국 국적을 취득하고 케임브리지 대학 교수가 되었다. 추종자들은 그를 예언자처럼 떠받들었다. 비트겐슈타인은 연구를 위하여 노르웨이 피오르드로 들어갔다. 그곳에는 그가 백만장자이던 시절 지은 작은 통나무집 한 채가 있었다. 그를 찾아오는 사람은 보트를 타야 했다. 고독을 사랑한 비트겐슈타인은 1947년 '허망한 철학 교수 자리'를 그만두었다. 이것은 그에게 '일종의 생매장'과 같았기 때문이었다.

비트겐슈타인은 모든 연락을 끊고 폭풍이 할퀴고 지나가는 아일랜드의 서해안 오두막집에서 '모든 문명과 동떨어진 채' 감자와 물, 빵을 먹으며 생활했다. 예순두 번째 생일이 지나고 3일 후 비트겐슈타인은 평온히 세상을 떠났다. 마지막으로 그는 자신을 따르던 전 세계 사람들을 이렇게 위로했다.

"아름다웠노라고 전해 주오."

비움 ❹
—마하트마 간디

　　　　　　돈을 벌기 위하여 끊임없이 애쓰고,
재산을 잃을까 봐 걱정하고, 인정과 성공을 얻으려고 날마다 싸움
을 벌인다면 삶 그 자체, 삶에서 느끼는 즐거움을 잃어버린다. 현
대 경제사회의 무자비한 스트레스에 숨통이 조이는 사람은 이 사
실을 깨닫게 될 것이다. 그리고 아마 누구나 비트겐슈타인처럼 소
박한 삶을 소원할 것이다. 직장 스트레스에 고통을 받는 사람이든,
일자리를 잃을 것을 걱정하는 사람이든, 할 일이 없어서 집에 있는
사람이든, 자신이 쓸모없다고 느끼는 사람이든, 아무에게도 자신
의 도움이 필요 없는 것 같아 점점 더 절망하는 사람이든 모두 비
트겐슈타인처럼 살고 싶을 것이다.

그러나 더는 그럴 필요가 없다. 누구나 의지만 있으면 필요한 사람이 된다. 개인의 의지와 평화적 방법으로 거대한 나라를 해방하기 위하여 모든 종속에서 벗어난 사람이 있다. 바로 마하트마 간디Mahatma Gandhi다.

간디는 열세 살에 결혼했다. 카스트의 상인계급에게는 이른 혼인이 일반적이었다. 사람들이 소년의 가냘픈 몸에 온통 향유를 발랐고, 소년은 이렇게 신비한 결혼생활을 시작했다. 며칠이 지나자 소년은 신부를 만나는 두려움이 사라졌다. 그는 이제 밤낮으로 오로지 사랑의 기쁨만을 생각했다. 공부를 하는 대신 달콤한 꿈에 빠져 들었다. 그리고 시험에서 떨어진 뒤에야 비로소 그 꿈에서 깨어났다.

간디는 자신의 미래를 스스로 망치고 있다고 생각했다. 교육을 받는 것은 특권이었다. 영국 식민통치 아래서 높은 지위에 오를 수 있는 기회는 극히 소수에게만 있었다. 간디는 그 가운데 한 사람이었다. 목적을 이루기 위하여 그는 엄격한 생활을 시작했다. 런던 대학에서 공부를 하기로 결심하고 영국에 첫 발을 내디뎠을 때 간디는 영국 사람들 틈에서 마치 길 잃은 아이가 된 느낌이 들었다.

간디는 라틴어와 프랑스어를 열심히 배우고 눈이 아프도록 두꺼운 법전을 보며 민법을 공부했다. 넓은 세상을 구경한 간디가 졸업장을 손에 쥐고 인도로 돌아왔을 때 그는 가족과 친척에게 서구식 생활방식을 강요했다. 사치스런 영국 풍습을 따름으로써 더 높은 명망을 기대했다. 그러나 화려한 생활에는 그가 벌어들이는 것보다 더 많은 돈이 들었다. 간디는 돈을 벌기 위해 다시 외국으로 나갔다. 하지만 남아프리카에서 예상하지 못한 문제에 부딪혔다. 식민지를 지배하던 백인들이 간디를 멸시한 것이다. 간디는 마차 안에 앉지 못하고 마부석에 앉아야 했다. 보도에서는 먼지가 이는 찻길로 떠밀리고 피부색 때문에 호텔에서 방을 빌릴 수도 없었다. 하지만 그는 변호사로서 안정된 생활기반을 잡을 수 있었다.

이제 간디는 억압 받는 소수를 변호하기 시작했다. 모든 사람에게 동등한 권리를 요구하고 저항운동을 계획했다. 사람들은 그의 말에 귀를 기울였다. 그러자 기관에서는 그에게 폭행을 가했다. 가까스로 린치를 면한 그는 자신의 적을 용서하고 그들이 처벌당하는 것을 막았다.

깨달음을 얻은 간디는 이전에 이상으로 삼던 사치를 버렸다. 부와 성공은 이제 그에게 거추장스러운 짐이었다. 마흔 살이 되었을 때 그는 종교적 공동체를 조직했다. 변호사로서 일하던 것을 그만두고, 가난하고 겸손하며 금욕하는 삶을 살았다. 간디는 이렇게 '비움의 지혜'를 외치며 집회에 모인 군중의 마음을 흔들었다. 그는 스스로 실을 뽑아 옷을 짓는 사람은 화폐경제의 강제 구매와 노예제도에서 벗어날 수 있다고 주장했다. 물레는 간디에게 자유의 상징이 되었다. 그것은 가난한 사람들에게 추가소득원이며 부유한 사람들에게는 한가한 시간에 할 수 있는 의미 있는 활동이었다. 물레를 돌리는 일은 간디 자신과 일부 추종자에게 '정신을 집중하고 마음을 모으는 길'이었다. 간디는 이것의 가치를 높이 평가했다. 실을 잣는 일은 외국의 물건을 보이콧함으로써 영국 식민지배에 상징적으로뿐 아니라 적극적으로 저항하는 것이었다.

간디는 나무를 심고 책을 썼다. 그는 이렇게 설파했다.

"의식적으로 금욕하는 것은 모든 남성이 추구할 만한 목표다."

인도 사람들은 그를 성자로 존경하고 그가 그려진 그림을 성물로 여겼다. 사람들은 간디처럼 인간적 신념을 위해서 언제든지 감옥에 갈 마음의 준비가 되어 있었다. 그리고 그런 모습에 간디를 적대시하던 사람들조차 깊은 인상을 받았다. 제자들은 일흔 살이 넘은 간디가 금욕하기 때문에 초인간적 기운을 내뿜는다고 믿었다. 그는 소식을 했으며 종종 단식도 하면서 자신의 건강을 유지했다. 간디는 자신이 125세까지 살 수 있을 것이라고 말하곤 했는데 사람들은 모두 그 말을 믿었다.

"체구가 작은 이 남자에게는 강철과 같은 무엇이 있다."

비움의 힘으로 간디는 카리스마 넘치는 지도자가 되었다. 그러나 1948년 1월 30일 뉴델리에서 한 광신적 힌두교도가 그에게 총을 세 발 쏘았다. 그의 얼굴에서 미소가 사라지고 두 팔은 축 늘어졌다. 일흔아홉 살의 가냘픈 전도자는 이렇게 납탄 세 발을 맞고 세상을 떠났다.

효율성을 중시하는 사회

약 800년 전 유럽의 도시 사람들은 불안감에 휩싸였다. 사람들은 시간이 어떻게 지나가는지 궁금해했다. 비록 교회의 종이 울려 아침과 한낮, 저녁을 알렸지만 이것은 하루 시간을 상대적으로 나눈 것일 뿐 정확한 시간을 아는 사람은 없었다. 아무에게도 시계가 없었기 때문이다.

1188년 벨기에 왕은 시민들에게 '백성을 기쁘게 하고 시의 업무를 원활히 수행하기 위하여' 시계를 걸도록 명령했다. 이로써 유럽에서는 새로운 시대가 열렸다. 1309년 이탈리아 밀라노에서는 최초로 기계적 시계가 만들어졌고 머지않아 모든 주요 도시에는 정교한 시계가 생겨났다. 그 결과 여유 있던 도시생활은 템포(시간을 뜻하는 라틴어 '템푸스tempus'에서 유래) 있게 돌아갔다. 여전히 농촌에서는 시간이 느리고 부정확한 옛 방식으로 돌아가며 태양과 달의 움직임이 생활의 리듬을 결정했다. 반면 도시 사람들의 생활은 쉼이 없었다. 상인들은 거대한 연합체를 만들어 상품을 북쪽에서 남쪽으로, 동쪽에서 서쪽으로 운반했다. 이렇게 해서 발트 해 연안의 호박이 이탈리아에서 팔리고, 서남아시아 산 향신료가 배에 실려 스코틀랜드로 운송되며, 아프리카인이 비잔티움에서 노예로 팔렸다. 바이킹은 하루 275킬로미터를 항해할 수 있는 배를 만들었다. 이 놀라운 기술로 바이킹은 유럽의 반을 지배하고 가장 큰 노예상인이 되었으며, 쉼 없는 무역 항해로 종국에는 아메리카 대륙을 발견했다. 바이킹은 배를 타고서 1년 안에 당시 알려진 네 대륙을 모두 갈 수 있었다.

이와 비슷한 시기에 동아시아에서는 몽골족이 말을 키우고 있었다. 말은 사람을 태우고 하루에 200킬로미터를 달릴 수 있다. 이두 '타임머신'으로 공간 거리는 줄어들었다. 칭기즈칸은 다리가 넷 달리고 어떤 적도 무너뜨릴 수 있는 이 놀라운 무기로 35년의 재위 기간 동안 동서 6500킬로미터, 남북 2500킬로미터에 이르는 제국을 세웠고, 그의 후손은 이를 확장해 역사상 가장 큰 나라를 만들었다. 세계제국을 지배하는 일은 빨리 달리는 말과 효율적 행정으로 가능했다.

유럽의 창조적 정신으로 만들어진 발명품으로 시간은 점점 단축되었다. 좋은 도로, 빠른 배, 정교한 시계, 비둘기와 급사로 전하는 빠른 소식, 구텐베르크 인쇄술을 통한 지식과 정보의 빠른 전수, 오늘날의 이메일과 인터넷에 이르기까지 갖가지 발명품들로 하루 시간이 점점 더 세분화되면서 경제적, 정치적 효율이 계속 오를 뿐 아니라, 사회생활의 체계 역시 더 완벽해졌다.

국가제도의 세세한 부분까지 모든 것을 체계화하려는 열망은 프랑스의 태양왕 루이 14세 시대에 첫 절정에 달했다. 루이 14세는 통일에 대한 망상에 사로잡혀 있었다. 나라의 모든 것은 고상하고 훌륭하고 효과적이어야 하며 이와 동시에 간단하고 질서 있고 한눈에 알아볼 수 있어야 했다. 왕의 정원사는 수학식 도형 형태로 공원에 나무를 심었으며 그 나무를 자와 컴퍼스로 관찰했다.

군대 역시 태양왕이 지휘하며 처음으로 완벽하게 되었다. 병사는 더이상 개인적 존재가 아니라 지휘관 마음대로 쓰는 도구에 불과했다. 이전까지 전사는 자신의 옷을 직접 고를 수 있었지만 이제는 그것이 용납되지 않았다. 베르사유 궁전 가로수 길에는 개별적인 나무는 없고 똑같은 모양으로 자른 나무만 일렬로 늘어서 있을 뿐이었다.

루이 14세는 질서에 관한 자신의 기벽을 관료주의와 경찰 그리고 군대를 이용하여 관철했고, 행정상으로도 철저한 공무원 계급 제도를 구축했다. 조세 공무원은 몰인정했다. 쉼 없이 돌아가는 국가 기계는 돈으로 계속 기름칠을 해 주어야 하기 때문이었다.

왕 자신은 이 이상한 유기체의 심장이었다. 그의 하루는 그것에 정확히 짜 맞춰졌다. 언제나 일정한 시간에 일정한 일을 했다. 사실 그는 커다란 인형이었다. 시종이 옷을 갈아입히고, 몸을 닦아 주고, 음식을 차려 주고, 산책을 시키고, 잠을 재워 주었다. 손수건을 관장하는 시종만이 왕에게 손수건을 건네줄 수 있었다. 왕이 쓰는 변기만 검사하는 시종이 있었고, 목이 마른 왕에게 물 잔을 주는 일만 하는 시종이 네 명 있었다. 그리고 공식 왕비 외에도 왕과 동침하는 귀부인이 여럿 있었다.

루이 14세 덕분에 프랑스는 유럽에서 구조가 완벽한 나라가 되었고, 다른 나라의 왕과 지방 세력가, 심지어 부유한 시민의 본보기가 되었다. 태양왕은 수도원과 감옥에서만 가능하다고 알고 있던 일을 국가적으로 시행하는 데 성공했기 때문이다. 그것은 바로 세세한 시간 원칙을 세우고 마치 톱니바퀴가 돌아가듯 쉼 없이 백성을 부리는 일이었다.

루이 왕이 죽고 60년이 지난 뒤 스코틀랜드 출신의 경제학 창시자 아담 스미스는 출간되자마자 자유시장경제의 경전이 된 《국부론》에서 근대 경영조직의 기초를 제시한다. 이는 결국 루이 왕의 국가조직을 일관성 있게 지속해 상품 생산에 응용하는 것이었다. 책에서 스미스는 노동을 엄격히 분배하면 생산성이 놀랍도록 향상된다는 사실을 보여주며 이렇게 말했다. "노동자 한 명은 하루에 핀 열 개를 만들 수 있지만 공장에서는 노동자 열 명이 분업하여 동일한 시간에 핀 4만 8000개를 생산할 수 있다."

바로 이 무렵 스코틀랜드 사람으로 운하와 다리를 건설한 제임스 와트James Watt는 세계 경제에 혁명적인 발명을 했다. 바로 증기기관이다. 어느 '화창한 일요일 오후' 글라스고우에 있는 한 낡은 세탁소 앞을 지날 때 와트에게 결정적 생각이 떠올랐다. '수증기는 탄력이 있는 물질이다. 실린더와 주전자를 연결한다면 수증기는 주전자에서 빈 실린더로 쏜살같이 이동하고, 실린더는 보통 기계처럼 금방 식지 않을 것이다. 그리고 이때 발생한 에너지는 이전보다 다섯 배 커질 것이다.'

와트는 증기기관의 설계도를 그리면서 예측하지 못한 구조적 문제에 부딪혔다. 철공소 사람들은 와트가 설계한 기계의 움직이는 연결부를 만들 능력이 없었다. 피스톤과 실린더를 정확히 연마하는 일도 문제였다. 다량의 수증기가 사라져 버리고 필요한 압력을 낼 수 없었기 때문이다. 와트는 여러 달 동안 공들여 시제품을 만들었지만 결국 빈털터리가 되고 말았다. 그러나 와트는 자본력 있는 공장주 불튼Boulton에게 증기기관의 가능성을 납득시켜 프로젝트에 참여하게 했다. 불튼은 와트의 발명품으로 느린 수작업을 기계작업으로 대체하고, 이로써 생산비를 크게 절약할 수 있다는 사실을 즉시 깨달았다.

시제품을 완성하자마자 불튼은 1775년 한 해 동안 증기기관을 60대 이상 만들기로 계획했다. 이 가운데 대부분은 광산에 투입돼 깊은 갱에서 물을 끌어올리는 수동 펌프를 대체했다. 와트와 불튼은 증기기관을 발명해 큰돈을 벌었고, 광산 주인은 갱의 물을 효과적으로 끌어올림으로써 광부들의 근력을 더 유용하게 활용할 수 있었다.

45년 뒤 미국인 로버트 풀턴Robert Fulton과 로버트 리빙스턴Robert L. Livingstone은 증기기관의 놀라운 성능을 입증했다. 풀턴과 리빙스턴은 1850톤의 범선 사바나에 증기기관을 장비하고, 기록적인 시간인 26일 만에 미국에서 영국까지 '증기를 내뿜으며' 항해했다. 이 후 최초 증기 버스가 런던 거리를 달리고, 1828년 9월 27일 영국의 스톡턴과 달링턴 구간 열차가 등장하기까지 시간은 오래 걸리지 않았다. 5년 뒤에는 미국에서도, 그리고 머지않아 독일에서도 '불을 뿜는 말'이 연기를 내며 달렸다.

이와 비슷한 시기에 뛰어난 물리학자 벤자민 프랭클린Benjamin Franklin, 리히텐베르크Lichtenberg, 볼타Volta 백작, 패러데이Faraday 는 전기 실용화 실험을 했다.

전구, 전동기, 전신, 전화가 발명되어 노동의 효율성이 증가하고 생활이 편리해졌다. 이제 밤에도 전구를 켜고 일할 수 있어서 노동시간은 어렵지 않게 늘어났다. 똑똑한 기업가는 교대근무 제도를 도입하여 기계를 밤낮으로 돌렸다. 1850년 무렵 베를린의 공장 노동자들은 작업일 6일 동안 12시간 내지 13시간 힘든 노동을 해야 했다. 휴가는 없고, 일요일은 교회에 가는 날이었다. 1854년 특권을 누리던 런던 사무직 근로자도 월요일부터 토요일까지 매일 오전 8시 30분부터 저녁 7시까지 일해야 했다.

여기 어느 은행이 내건 '직원이 지켜야 할 사무실 규칙'을 보면 당시 사무실 풍경을 잘 이해할 수 있다.

"회사는 직원 복지를 위해 난로를 마련한다. 추운 계절에는 모든 직원이 매일 석탄 2킬로그램을 가져오도록 권장한다."

"근무시간에는 개인적인 대화를 금지한다."

"직원은 필요한 펜을 직접 준비한다."

경영진은 이 이상적 근무조건과 균형을 이루어 작업성과가 현저히 증가하기를 기대했다.

타자기, 비행기, 자동차가 발명되어 생활의 속도는 이전보다 빨라지고, 헨리 포드의 컨베이어 벨트 시스템으로 생산은 더 저렴하고 빠르게 되었다. 포드의 공장에서 일하는 노동자는 모두 시계 태엽의 부지런한 톱니바퀴였다. 포드는 이에 대해 다음과 같이 말했다.

"우리는 이렇게 완벽히 조직화되었다. 여러 부서의 일은 서로 맞물려 있어서 누구도 잠시라도 하고 싶은 대로 내버려 둘 수 없다. …개인적인 관계를 맺는 일은 거의 없고 사람들은 자신이 할 일을 한 뒤 집으로 돌아간다."

선진국의 미래 지향적 기업은 모두 포드의 성공적인 컨베이어 벨트 시스템을 도입했다. 시간을 단축하는 기계와 노동방식으로 경제수익은 증가했다. 새로운 것을 발명해서 이제까지 상상하지 못했던 많은 이익을 내고, 국가는 예상을 뛰어넘는 부를 쌓을 수 있었다. 원료는 빠르고 저렴하게 지구 먼 구석에서부터 유럽이나 미국으로 운반되고, 공장에서 효과적으로 가공되어 잘 짜인 교통망을 통하여 판매되었다. 둘째, 기계로 작업함으로써 사람과 동물의 힘을 사용하는 일이 줄어들었다. 기계를 돌리는 곳에서는 말과 나귀, 황소가 죽도록 혹사당하는 일은 없게 되었다. 떠오르는 계급인 중산층은 여유 있고 부유한 삶을 누릴 수 있었지만, 쉼 없이 돌아가는 기계의 박자를 쫓아가는 저임금 노동자들, 기계에게 생계수단을 빼앗긴 사람들은 가난하게 살 수밖에 없었다.

1·2차 세계대전을 치른 나라의 생산력은 빠르게 증가했다. 적의 무기를 능가하기 위해서 국방부는 학자와 기술자들에게 새로운 살상무기의 개발을 위한 막대한 예산을 투자했다. 군대는 평화로운 여객기를 전투기로, 자동차는 장갑차로, 가스는 화학무기로, 통신시스템은 말살장치로 만들고, 학자와 장군은 핵분열 지식을 손에 쥐고 오늘날까지 세계를 불안과 두려움에 떨게 한다.

갈수록 많은 군인과 민간인이 집단 살상무기 때문에 목숨을 잃고 수백 년 동안 쌓아 온 가치는 짧은 시간 안에 파괴되었다. 평화로운 세상에서는 시간을 단축하는 새로운 기계가 축복일 수 있다지만 이제는 그것이 재앙이 되었다.

경제적 측면에서만 볼 때 2차 세계대전은 세상의 모든 가정에 자동차 한 대와 집 한 채를 선물할 수 있는 돈이 들었다고 평가된다. 히틀러나 스탈린이 인류에게 저지른 만행은 너무도 자명한 사실이다.

17세기 초반 인디언 추장 포와탄Powhatan의 부족은 존 스미스 선장이 보호하는 버지니아 제임스타운의 영국인들과 사이좋게 지냈다. (인디언들은 영국인들에게 식량을 넉넉히 베풀어 주었다.) 그러나 스미스가 무장한 군인을 앞세워 점점 뻔뻔스런 요구를 하자 포와탄은 이런 말을 했다.

"난 우리 부족의 두 세대가 죽는 것을 목격했소. 내가 유일한 생존자요. 전쟁과 평화의 차이를 나만큼 잘 아는 사람도 없을 것이오. …사랑으로 평화롭게 얻을 수 있는 걸 당신은 왜 폭력으로 가지려 하오? 당신에게 먹을 것을 준 사람들을 왜 죽이는 것이오? 전쟁으로 얻을 수 있는 것이 무엇이오? …당신은 왜 우리를 시기하시오? 우리에게는 무기가 없소. 만약 총칼을 든 적이 아니라 친구로 온다면 우리는 당신이 원하는 것을 줄 준비가 되어 있소. 나는 맛

좋은 고기를 먹으며 편히 잠을 자고, 아내와 아이들이 평화롭게 사는 것이 더 좋다는 사실을 모를 정도로 꽉 막혀 있진 않소. 숲 속으로 도망쳐 추위에 떨고, 나무뿌리와 도토리를 먹으며 쫓기는 것보다 영국인과 구리와 도끼를 교환하고, 웃고 떠들며 즐거워하는 것이 낫소. …당신의 총과 칼을 치우시오. 그것은 우리가 당신들을 불신하는 이유요. 총칼을 거두시오. 그렇게 하지 않는다면 당신들이 그 총칼에 비참하게 죽을 것이오."

포와탄의 말은 오늘날까지 공감을 불러일으킨다.

2차 세계대전 후 세계경제는 재건을 통하여 상상하지 못한 활력이 넘쳐 났다. 중부 유럽과 미국에는 경제 붐이 일어나 모두 부자 나라가 되었다. 이러한 부로 60년대와 90년대 사이에 하류층의 생활이 이전의 부자가 누리던 수준으로 올랐다. 모든 노동자가 집과 땅과 자동차를 소유할 만큼 돈을 벌어야 한다고 헨리 포드가 말한 대로 많은 사람들은 그 꿈을 이루었다.

재건이 끝난 뒤에는 지구 곳곳의 새로운 시장에서 수요가 발생했다. 독일은 수출 강대국이 되었다. 점점 향상되는 물류관리 시스템, 경제성이 커지는 기계, 지능이 높아지는 제조방식의 힘으로 생산은 증가하고 근로시간은 주당 38시간으로 줄어들었다. 또한 사무직 직원과 노동자의 휴가는 6주로 늘어났다. 철의 장막 너머 공산주의자들이 꿈꾸던 노동자의 천국은 아이러니컬하게도 자본주의 서방에서 실현되었다.

그러나 공장과 사무실에서 일을 적게 하면 할수록 스트레스는 점점 늘어났다. 효율성이 증가하는 생산방식 때문에 일자리가 점차 감소하자 구직자들은 다른 일자리를 찾아 나서야 했다. 관료주의는 비대해지고, 따라서 행정직 일자리가 더욱 늘어났다.

한 오스트리아 고위 공무원은 법학자가 너무 많은 사실이 가장 큰 해악이라고 나에게 말한 적이 있다. 이전에는 간단하던 과정이 치밀하고 복잡해지는 법률 때문에 모든 것을 마비시켜 버리는 관료주의적 괴물로 변했다는 것이다. 행정 경로는 복잡해지고, 경기가 좋은 시기의 성실한 경영인이라면 전문지식으로 재빨리 처리했을 결정이 자꾸 지연되었다.

새로운 노동방식 때문에 고급인력의 소중한 시간은 자꾸 낭비되고, 실제로 일은 진척되지 않으면서 기업 관리부서의 스트레스는 끊임없이 쌓여 갔다. 네덜란드 속담은 이러한 현상을 잘 설명한다. "항상 바쁜 사람이 가장 적게 일한다." 벤자민 프랭클린이 지적

했듯이, 만약 시간이 돈이라면 대부분의 기업은 비전문적인 관리와 시간 낭비로 회사의 자본을 없애는 꼴이다.

전자 시대의 시작과 함께 일과 사생활에는 더 큰 활력이 넘치고 있다. PC, 핸드폰, 인터넷, 이메일은 원래 시간을 단축하는 도구였지만, 실제로는 시간을 잡아먹는 도구로 변했다. 그 사이 인간은 빠른 정보전달을 소화할 능력을 대부분 상실했기 때문이다. 거의 모든 사람은, 심지어 편히 은퇴 생활을 누려야 할 사람마저 지나친 요구를 받는 느낌이 든다. 쉼 없이 스트레스를 받기 때문에 정신과 육체는 지쳐 버리고, 자신이 하는 일에 만족하고 작은 것에 기쁨을 느끼는 사람은 점차 사라진다. 정신적인 공허는 '무엇을 누림' 으로써 보상되므로 불행에 빠진 21세기 직업인간은 기쁨 없이 번 돈으로 작은 자유를 사서 자동차나 비행기를 타고 잃어버린 시간을 쫓아간다. 자유는 달콤하지만 돈이 많이 들기 때문에 돈에 빠지는 중독은 더욱 심해진다. 돈은 곧 자유이기 때문이다. 금송아지 주위를 도는 춤의 속도는 빨라지고, 시간은 줄어들고, 좌절은 커지고, 삶은 암울해진다.

지금을 살아라

시간이 항상 부족한 사람은 자유와 건강뿐 아니라 시간도 귀중한 재산이라는 사실을 뼈저리게 느낀다. 전자 시대에 사는 도시인은 아마 거의 모두 그렇다고 생각할 것이다. 그러나 이미 고대 아테네나 로마와 같은 대도시의 시민들은 이 기이한 질병으로 고통당했다. 루키우스 안네우스 세네카 Lucius Annaeus Seneca는 정치가이며 철학가였다. 그는 스토아주의에 근거하여 실제적인 삶을 살았다. 세네카는 자신이 쓴 글 《인생의 짧음에 관하여》에서 인생의 귀중한 재산을 소중히 다루며 짧은 순간도 낭비하지 말라고 충고하고, 오래 살고 싶은 모든 사람에게 짙고 강렬한 삶을 살라고 권했다.

세네카의 생각은 다른 어느 시대보다 오늘날 사람들의 관심사가 되므로 여기 그의 글 가운데 중요한 일부를 옮겨 본다.

"…왕과 부자의 보물도 나쁜 주인을 만나면 즉시 헛되이 사라져 버리고, 소박한 보물도 좋은 관리인을 만나면 이롭게 쓰여 늘어난다. 이와 똑같이 인생의 시간은 잘 분배하면 연장된다. …인생은 잘 이용하면 길다. 그러나 누구는 만족할 줄 모르는 탐욕을 부리고, 누구는 쓸데없는 일로 항시 바쁘다. 또 누구는 술을 마시고 망상에 빠져 빈둥거리며 평생을 허비한다. 항상 다른 사람의 판단에 좌우되다가 지친다. 이익을 얻는다는 희망을 품고 어느 곳으로든 질주한다. 그리고 누구는 힘든 운명을 불평하는 데 시간을 낭비한다. 하지만 우리가 실제 사는 시간은 인생의 작은 부분에 지나지 않는다. …이 사람은 저 사람을 돕고, 저 사람은 이 사람을 돕는다. 그렇지만 자신을 돕는 사람은 없다. …내 말을 믿어라. 인간적인 과오를 저지르지 않는 위대한 사람은 시간을 조금도 헛되이 쓰지 않기 때문에 가장 오랜 인생을 산다. 얼마나 오래 지속하든지 인생을 자기 마음대로 살았기 때문이다. …누구나 전진하며 살고, 미래에 대한 갈망과 현재에 대한 혐오 때문에 괴로워한다. 그렇지만 모든 시간을 자신을 위해 쓰고, 매일을 인생의 마지막 날처럼 사는 사람은 내일을 기대하지도, 두려워하지도 않는다. 새로운 쾌락을 느끼는 데 시간을 보내는 것이 무슨 의미가 있겠는가? …쉼 없이 준비하는 데에 몰두하는 사람의 삶은 고달프다. 이런 사람은 언젠가 한번 잘살기 위하여 지금 시간이 없다. 현재의 삶을 희생해서 미래의 삶을 준비한다. 인생의 가장 큰 장애물이란 미래에 매달려서 오늘을 놓쳐 버리는 기대심리다. 앞으로 일어날 일은 모두 불확실하다. 그러므로 지금을 살아라. 모든 일에서 떨어져 사는 사람의 삶이 어떻게 길지 않겠는가? 평온하게 혼자 있는 사람은 진실에 시간을 바치는 사람이다. 이러한 사람이 인생을 참으로 사는 자다. 그는 자신의 삶만 잘 이용하는 것이 아니라 보람 있는 다른 시간도 자신의 시간으로 만들기 때문이다. 과거로 흘러간 시간을 자기 것으로 삼는다. …우리를 거부하는 시대는 없다. 모든 시대는 우리를 받아들인다. …원한다면 소크라테스와 논쟁을 벌여도 좋다. 에피쿠로스와 고요를 즐겨도 좋다. 스토아 철학자와 함께 인간의 천성을 이겨내도 좋다. …과거를 잊고, 현재를 무시하고, 미래를 두려워하는 사람의 인생은 짧으며 근심으로 가득 차 있다. 그래서 끊임없이 일하려고 애를 쓴다. 그에게 그 사이의 시간은 짐일 뿐이다."

1841년 랄프 왈도 에머슨은 시간의 가치에 대한 생각을 훌륭히 풀어나갔다.

"우리가 태어나 자연적으로 먹는 나이와 다른 나이, 다른 젊음
이 있다는 사실을 자주 느낀다. 나이 듦과 상관이 없으며 우리의
젊음을 유지시키는 생각이 있다. 이러한 생각은 보편적인 영원한
아름다움을 사랑하는 것이다. 사람은 시간이 흘러감에 따라 반드
시 죽어야 하는 존재라는 생각에 사로잡혀 있기보다는 진실한 아
름다움을 간직하고 있는 세상에 속한다는 느낌으로 자유로워진다.
우리는 아주 간단한 지적 행위로 시간의 조건에서 어느 정도 자유
로워질 수 있다. 우리는 병에 걸리거나 절망에 빠졌을 때, 시나 진
실한 말에서 위안을 얻는다. 아니면 플라톤이나 셰익스피어의 책
을 꺼내 들거나 이들의 이름을 떠올리는 순간 긴 시간성을 느끼게
된다."

현대 산업사회는 노동으로 스스로 노예가 되었다. 사실 노동
에 드는 시간과 근력은 대부분 훌륭한 기계를 사용해서 줄일 수 있
다. 아이러니컬하게도 기계와 통신기기의 속도가 빨라질수록 스트
레스도 증가한다. 분주한 요즈음과 비교할 때 20년 전에는 다른 도
시로 가는 여행에 여유가 있었다. 여행은 비록 더 오래 걸렸지만
자신을 위한 시간이 더 많았다. 오늘날에는 베를린에서 로마로 날

아가 회의에 참석한 뒤 파리에서 저녁을 먹는 일이 기술적으로 가능하다. 이러한 상황에서 어떻게 정신을 차릴 수 있겠는가? 두 시간짜리 회의에 참석하기 위하여 서울로 날아간 어느 경영자가 있다. 비행은 왕복 36시간 걸렸으므로 숙박을 포함하면 이틀 동안 돌아다닌 셈이다. 돌아오자마자 그는 놓아둔 일을 다시 시작했다. 그에게 알코올과 부부관계에 문제가 있는 것은 어쩌면 당연하다.

내가 아는 한 기업의 경영자가 있었다. 그는 위기에 몰린 기업을 살리기 위하여 직원 6000명 가운데 5700명을 정리해고 해야 했다. 그 지역 사람들이 그를 미워하는 것은 당연한 일이었다. 그는 평일에는 옛날 병영 속 작은 방에서 살고, 토요일에는 아내와 일곱 아이가 있는 독일 남부로 날아갔다. 그는 귀족 여성과 결혼했기 때문에 가족을 위하여 신분에 어울리는 성을 마련해야 했다. 이러한 성은 대개 새로운 주인이 많은 돈을 들여서 보수할 때에만 이득을 볼 수 있는데, 결혼할 때 아내가 갖고 온 돈이 거의 없었기 때문에 그는 큰 빚을 져야 했다. 주말에는 성을 보수하고, 아이들을 돌보고, 사교의 의무를 다하며 생활했다. 그리고 주말이 지나면 회사를 경영하고 물건을 팔기 위하여 지친 몸을 이끌고 작은 방으로 돌아왔다. 밤에는 아직 팔지 못한 상품들이 그를 쫓아서 굴러오는 꿈에 시달렸다. 질병에도 걸렸다. 그는 이 미친 짓에서 빨리 벗어나고 싶었다. 그러나 무엇을 어떻게 해야 할까? 더는 자신을 위한 시간이 없었다. 밤마다 침대에 누우면 해결하지 못한 일이 생각나고, 불어나는 빚 때문에 잠이 오지 않았다.

내 친구들 가운데에 잘나가는 건축사가 한 명 있다. 하지만 그는 실상 사치스러운 생활과 으리으리한 집을 보수하는 높은 비용 때문에 백만 유로에 달하는 빚을 지고 있다. 그 지역에서 사업이 가장 잘되는 곳이었지만, 매일 16시간을 일하고 아무리 노력해도 해마다 대출금 이자를 갚기도 어려웠다. 갚아 나가는 원금의 액수는 극히 적었다. 그는 자신이 쳇바퀴를 돌리는 다람쥐와 같다고 생각했다. 은행 담당직원은 아무 문제가 없다고 그를 위로하며, 이번만 없다면 20년 뒤에는 부채를 모두 갚을 수 있다고 말했다. 은행직원이야 웃을 수 있다. 손가락 하나 까딱하지 않고 매년 4만 5000유로의 이자를 챙길 수 있으니까. 성격이 명랑하고 사람들과 어울리기 좋아하던 그는 이제 친구들을 만날 시간조차 없다. 비록 겉으로 보이는 삶은 화려할지라도, 정신은 빈곤하고 지쳐 있었다.

파스칼은 이렇게 시간이 없는 사람들에게 자신이 얻은 지혜를 직접 말해 주는 것 같다.

"현재는 우리의 목표가 될 수 없다. 우리의 목표는 오직 미래다. 그러므로 우리는 살지 않고 살기를 희망한다. …행복하기 위해 준비하는 사이, 행복은 지나간다."

이것은 정신과 육체의 건강, 행복한 가정, 평온한 마음으로 화려한 허상의 값을 치러야 하는 것을 의미한다. 이는 모두 새로운 현상이 아니다.

비움⑤

—미쉘 드 몽테뉴

프랑스의 유명한 철학자 미쉘 드 몽테뉴Michel de Montaigne는 일에서 받는 스트레스와 좌절감에 시달리는 많은 현대인이 그리는 꿈을 이미 450년 전 서른여덟 살에 이루었다. 그는 16년 동안 봉직한 보르도 시 관직을 그만두고 고향으로 돌아갔다. 그리고 정원 끝에 자리한 탑 속에서 세상과 떨어진 채 생활했다.

"오랫동안 의회와 공직의 짐 때문에 지쳤다. 하지만 몸으로 책을 읽으며 생기를 얻고 평온과 안정 속에서 남은 생을 살았다."

그의 상아탑인 도서관 벽에 새겨 있는 글귀다. 세상을 등진 몽테뉴의 삶의 방식에 감동한 니체는 이렇게 썼다.

"이러한 사람이 글을 썼다는 사실 때문에 이 세상에 사는 즐거움이 진정 커졌다."

셰익스피어, 볼테르Voltaire, 디드로Diderot, 존 레논John Lennon도 에피쿠로스 학파의 인생철학에 열광했다. 에피쿠로스 학파는 존재의 궁극적 목적이 쾌락이라고 생각했다.

"우리가 추구하는 삶의 궁극적 목적은 쾌락이다. 쾌락은 가장 기분 좋고, 달콤하고, 자연스러운 즐거움이라고 불러야 한다."

부자 할아버지나 아버지에게서 부족함 없이 물질적 지원을 받는 사람에게는 에피쿠로스의 원칙대로 은거해서 살겠다고 결정하는 일이 그리 어렵지 않을 수 있다. 몽테뉴의 철학적 자기 인식은 그가 본으로 삼는 위대한 사람들로부터 빌린 생각에서 시작된다. 그리고 그는 거기에서 자신의 생각을 만들어 낸다.

"나는 생각을 떠오르는 대로 모은다. 생각은 때로 무리로 몰려오거나 차례차례 어슬렁거리며 온다. 생각은 모두 똑같이 좋다. 나는 이 가운데에서 가장 좋은 생각을 우연히 선택한다. 그리고 그것을 철저히 파헤치는 일은 분명 가치가 있다."

물론 이러한 비약적 방법으로는 인생의 지혜에 대한 명확한 통찰이 담긴 작품이 나올 수 없다. 몽테뉴의 《수상록》은 '우연의 바람에 휘날리는' 기워 놓은 양탄자, '여러 가지 천 조각을 이어서 붙인' 콜라주, '조금 낯선 냄새가 나고 아무렇게나 써 놓은 뒤죽박죽'이다. 몽테뉴는 이 책에서 자신의 약점을 고백하고 욕망을 드러냈으며 인습을 비웃었다.

"우리는 부인들에게 잠자리 이야기를 듣기만 해도 얼굴을 붉히라고 가르쳤다."

바로 이러한 거리낌 없음이 생각의 유희가 가진 매력이다. 몽테뉴는 이러한 생각의 유희로 새로운 문학 장르를 만들어 내었다. 2700쪽에 걸쳐서 그는 '식인종', '게으름', '마차', '베르길리우스의 시', '나이' 혹은 '우리가 똑같은 것을 두고 울고 웃는 방법'에 대해 생각했다.

그 사이 아내 프랑수와즈는 농장을 경영하고 성을 관리했다. 상아탑에 사는 인간은 '양배추와 양상추도 구분할 줄 모르기' 때문이다. 9년 뒤 몽테뉴는 작품의 첫 장을 인쇄공에게 넘겼다.

'독자여, 이것은 아주 솔직한 책이오! 시작부터 당신에게 경고하는 바요.'

모험에 목마른 마흔일곱 살 '정정한 노인'은 무리를 대동하고 '큰 여행'을 떠났다. 파리에서 앙리 3세에게 《수상록》을 내밀고,

경험 많은 늙은이로서 친구 드 그라몽De Gramont이 총알을 맞아 죽은 라 페르La Fére 전투에 참여했다. 그러고 나서 신장결석 치료를 받기 위해 독일 남부와 스위스 그리고 교황 그레고리 13세를 비공식으로 알현한 로마에 이르기까지 여러 온천을 돌아다녔다.

몽테뉴가 루카의 유명한 온천에서 물장구를 치고 있을 때 심부름꾼이 편지 한 통을 전했다. 그를 시장으로 뽑은 보르도 시 의원들이 보낸 편지였다. 이것은 모든 것을 포기한 사람에게 결코 즐겁지 않은 승진이었다. 숲에 사는 사람을 큰 세상의 가시나무 덤불로 끌어내어서 무엇을 하라는 것인가? 몽테뉴는 이를 거부하며 신장이 아프다는 이유를 댔다. 그러나 왕은 몽테뉴에게 즉시 일을 맡으라고 명령했고, 마지못해 왕의 명령에 복종한 몽테뉴는 임기를 두 번 지내야 했다.

앙리 3세가 죽은 뒤 신교도인 부르봉 가문 나바라의 왕 앙리가 왕위에 올랐다. 위그노파의 우두머리 앙리는 가톨릭으로 개종했다. 프랑스에서는 수십 년 동안 가톨릭과 기독교가 종교전쟁을 치르고 있었다. 마녀 사냥과 기근 그리고 페스트로 현실은 더욱 비참했다. 온 나라에서 병사와 도적 떼가 살인과 약탈을 저질렀다. 몽테뉴의 피난처가 혼란을 비켜 간 사실은 거의 기적에 가까웠다. 나

바라의 앙리는 현자의 성으로 여러 번 찾아와 조언을 구했고, 훗날 왕위에 올랐을 때 그에게 고위 관직을 제안했다. 그러나 몽테뉴는 왕의 제안을 거절했다. '다른 사람의 노예'가 되고 싶지 않았기 때문이다.

몽테뉴는 진정한 철학자로서 죽음을 두려워하지 않았다.

"죽음을 부인하는 것은 삶의 잔치에서 양념을 빼는 것과 같다."

몽테뉴는 이렇게 말하며 고대 이집트인의 풍습을 이야기했다. 이집트 사람들은 잔치가 절정에 달하면 해골을 앞에 놓고 살아 있는 기쁨을 더욱 크게 맛보았다. 몽테뉴는 빙긋 웃으며 말했다.

"마시고 즐겨라. 죽으면 이렇게 되리니."

몽테뉴처럼 재산이 많은 사람은 평범히 돈을 버는 사람보다 일에서 받는 스트레스에서 벗어나기가 수월하다고 반론을 펼 것이다. 반론에는 일단 설득력이 있다. 그러나 그것이 정말 옳을까?

에픽테토스는 도덕에 관한 편람에서 이렇게 말했다.

"두려움과 근심 없이 굶는 것은 영혼의 평온 없이 넘치도록 사는 것보다 낫다."

가질 수 있는 행복부터 찾아라

옛날 사람들은 구원과 구제 받기를 바랐지만 요즈음 사람들이 원하는 것은 재미다. 현대인들은 죽음이나 배고픔을 걱정하지 않는다. 오히려 지루함을 두려워한다. 항상 시간에 쫓기다가도 갑자기 시간이 남으면 돌연한 공포에 빠진다. 그러므로 현대인은 쉬지 않고 즐거움을 찾는다. 이 정신분열증적 상황은 세상에 전염병처럼 퍼져 일종의 쾌락중독을 일으킨다. 사람들은 건성으로 신문을 보거나 라디오를 듣고 이리저리 텔레비전 채널을 돌린다. 모든 것은 센세이션이어야 하며 사람의 시선을 쉼 없이 자극해야 한다.

훈련된 사람만이 책을 읽을 줄 알기 때문에 2차 문맹자는 빠르게 증가하고 있다. 자신을 즐겁게 하는 일은 쉽다. 반면 책을 읽거나 언어나 악기를 배우는 일은 어렵다. 원예나 목공에 대한 관심도 마찬가지다. 정신과 육체를 온전히 쏟을 때에만 진정한 만족을 얻을 수 있기 때문이다. 언젠가 에르빈 샤르가프Erwin Chargaff는 이런 아름다운 문장을 지었다.

"정보는 집으로 무료로 배달된다. 하지만 영혼이 찾는 것은 바로 값진 지혜다."

오늘날에는 거의 모든 것을 돈으로 살 수 있다. 진정한 가치를 제외하고는.

싸구려 멜로드라마나 리얼리티 쇼에 싫증이 나면 더 재미 있는 영화를 본다. 그렇지만 언젠가는 최고 메뉴에도 물리고 만다. 어떻게 할까? 즐거움의 중독에 빠진 대중은 싫증에서 벗어나기 위하여 테마 파크나 체험 공원, 스키장으로 몰린다. 그러나 재미에 굶주린 사람은 절대 포만을 느끼지 못하므로 피상적인 것을 소비하면 할수록 중독 증세는 더 심각해진다. 먹기만 하고 만들지 않기 때문이다.

'진짜'와 '참'에 대한 갈증은 커져 간다. 그러나 무엇이 진짜인가? 똑똑한 마케팅 업자들이 이익을 내기 위하여 계획하지 않은 것만이 모두 진짜다. 마이클 크라이튼이 말했듯이 "재벌이 통제하지 않는 것은" 모두 진짜다. 진짜란 "자발적으로 존재하며 자신의 고유한 형상을 갖춘 모든 것이다. 그러나 현대사회에는 자신의 고유한 형상을 갖추어도 되는 것이 존재하지 않는다." 21세기 세상은 모든 것을 계획해서 만든 태양왕 루이 14세의 정원 같다. 이곳에는 모든 것이 인위적이어서 농가의 정원에서 느낄 수 있는 생의 자연스러운 환희가 없다.

이렇게 해서 모든 것은 오락이 된다. 정치가의 기자회견과 같은 중요한 사건이나 매일 보도되는 텔레비전 뉴스, 심지어 학교의 일상마저 그렇다. 텔레비전을 보면서 문화와 정보 소비자로 자라는 학생들은 평범한 수업에 더는 흥미를 느끼지 못한다. 교사는 일종의 교육오락 강사가 되어서 학생들이 수업에 흥미를 잃지 않도록 노력해야 하고, 이러한 신종 교육오락이 대학으로 이어져 교수는 학자의 자질보다 오락적 재능으로 평가를 받는다.

쉼 없는 떠들썩함에 지친 사람들은 일과 사는 방법의 의미를 묻게 된다. 이미 350년 전 스페인 예수회 신부 발타자르 그라시안 Balthasar Graciáan은 책《세상을 보는 지혜》에서 똑똑한 사람들을 향하여 "조급히 살지 말라."고 타일렀다. "일을 분배할 줄 아는 것은 일을 즐길 줄 아는 것"이기 때문이다.

"많은 사람들의 행복은 인생보다 짧으며, 사람들은 행복을 즐기지 못하고 그것을 망쳐 버린다. …사람은 인생의 마부다. 질주하는 시간의 흐름에 자신의 성급함을 더하는 마부다. 평생 다 소화하기 힘든 것을 하루에 꿀꺽 삼키려 들고, 언제나 인생의 기쁨보다 앞서 있다. 미래를 미리 소모해 버리고, 그렇게 서두르다가 모든 것을 일찍 끝내 버린다."

이 시대에 팽창하는 광기에 대하여 그라시안은 그저 머리를 절레절레 흔들 것이 틀림없다. 그렇다면 일과 사람과 예술, 통틀어 인생을 다시 즐기는 방법은 무엇일까?

작은 행복을 찾아내기 위하여 꼭 유명한 시인이나 수학자가 되어야 할 필요는 없다. 53년 동안 사랑으로 정원을 가꾸는 어느 늙은 정원사가 나에게 이렇게 말한 적이 있다.

"저는 식물에게 어느 정도의 물과 태양, 대화와 보살핌이 필요한지 알아요. 이건 정말 멋진 일이지요. 요즘 사람들은 나무를 과학적으로 돌봐야 한다고 하지만 식물에게는 사실 다른 무엇이 필요해요."

햇볕과 바람에 거칠어진 정원사의 얼굴은 검고 건강했고, 갈

색 눈동자는 평온해 보였다. 나는 이 정원사가 아직 일을 하고 있다는 사실에 놀랐다. 정원사는 이미 수 년 전에 퇴지할 수 있었는데 말이다.

"가장 중요한 것은 사랑과 관심이에요. 저는 제 정원에 있는 어느 작은 꽃에도, 어느 큰 나무에도 무엇이 필요한지 알지요. 우리는 함께 대화해요. 서로 사랑하고 서로 존중해요."

비움 ⑥

―로도비코 알비제 코르나로

        문학가와 농학자이며 사회 비평가인 로도비코 알비제 코르나로Lodovico Alvise Cornaro는 비움의 문제를 모범적으로 해결한 사람 가운데 하나다. 코르나로는 나이가 들어서 자신이 '자기가 만난 철학자 가운데 가장 행복한 사람'이라고 느꼈다. 후대에 코르나로와 사상이 비슷한 유쾌한 철학자 칼 포퍼 역시 그랬다.

        그러나 코르나로가 인생을 그렇게 바꾸기 전에는 세력 있는 베니스 귀족 가문으로서 방탕한 생활에 빠져 이미 마흔 살에 몸을 떨면서 죽음과 직면해야 했다. 의사들은 거의 폐인이 된 이 방탕아를 가까스로 살려 놓았다. 이때부터 코르나로는 삶을 완전히 바꾸기로 마음먹었다.

엄격한 규율을 지키며 규칙적인 생활을 하고 가혹한 다이어트로 건강을 지켰다. 2년 동안 이같이 고행하고나자 친구들은 과거 술독에 빠져 살던 방탕아를 더는 알아보지 못했다. 친구들이 나이가 들고 얼굴에 불만이 가득해질수록 코르나로는 더 젊어 보였다. 그 비결은 단순했다.

코르나로는 닭들이 잠드는 시간에 잠을 자고 첫닭이 우는 시간에 일어나는 규칙적인 생활을 했다. 매일 긴 산책을 하고 자유분방한 여자들을 멀리했다. 잔치가 있는 날에만 포도주를 조금 마실 정도였고 하루에 여러 번 기도를 했다. 신선한 채소를 많이 먹고, 기름진 음식을 먹지 않았다. 우울한 생각은 떨쳐 버리고, 자연의 아름다움을 만끽했다. 즐겨 웃고 노래하며, 아름다운 문학과 예술을 좋아하고, 자신이 느끼는 감정을 잘 걸러낸 말로 표현하려고 노력했다. 여든 살의 코르나로는 수족을 떠는 예순 살 늙은이를 놀려댈 정도였다. 집 안에 있는 계단과 언덕을 가뿐히 오르내리고, 마치 젊은 기병처럼 민첩하게 말을 타며 토끼 사냥을 다녔다.

코르나로는 기분이 언제나 좋았다. 그는 '파두아 지방에서 가장 아름다운 곳'에 있는 집을 꾸미는 일이 즐거웠다. 봄과 가을에는 주변 도시에 사는 친구들을 찾아가고 이들을 통하여 건축가, 화가, 조각가, 음악가, 시골 농장주인과 같은 특별한 사람들을 알게 되었다. 천진난만한 기쁨을 누리며 코르나로는 사람들의 말과 음악에 귀 기울이고, 새로운 창작품을 감상하는 일을 즐겼다. 그리고 곳곳을 여행하면서 풍경과 농가, 정원과 도시의 아름다움에 감탄했다.

"이 즐거움은 나에게서 눈과 귀를 빼내도 줄지 않을 것이다. 다행히 내 감각은 모두 상태가 좋다. 입맛도 좋아서 방탕하던 옛날에 맛있게 먹던 음식보다 지금 조금씩 먹는 음식이 더 맛있다."

행복을 준비하는 그의 마음에는 건강한 유머가 더해진다. 코르나로는 고령에 장난기 있는 희극을 쓰고 이웃을 즐겁게 하기 위하여 공연을 준비했다. 그는 열여덟 명의 손자 손녀 가운데 다 큰 손자 손녀와는 친구처럼 지냈다. 어린 손자 손녀들에게는 별자리의 움직임을 설명해 주고 음악을 함께 만들었다.

"그렇다. 나도 노래를 직접 부른다. 지금 내 목소리는 다른 어느 때보다 맑고 훌륭하다. 이것이 내 노년의 기쁨이다. 내 삶은 죽지 않고 살아 있다. 나는 격정에 빠진 사람의 젊음과 내 노년을 바꾸고 싶지 않다."

코르나로는 책 《절제된 삶에 대하여》에서 글을 통해 많은 사람들에게 인생을 사는 기술을 가르쳐 줄 수 있다는 사실에 기뻐했다. 유쾌한 철학자 코르나로는 1566년 여든셋의 나이로 행복하게 눈을 감았다.

훗날 유럽의 모든 언어로 번역된 그의 유명한 글에서 일흔넷의 젊은 코르나로는 행복의 열쇠를 발견한 방법을 설명한다. 그는 소박하게 살며 돈을 아껴 쓰고, 근심을 멀리 하며 날마다 작은 일에서 기쁨을 느끼고, 늘 마음의 건강을 돌보았다. 에픽테토스는 이러한 마음의 건강법을 아주 간결하고 정확히 표현했다.

"길을 걸을 때 못을 밟거나 발을 삐지 않도록 조심하듯이 마음에 상처를 입지 않도록 주의하라. 무엇을 하든지 주의를 기울이면 위험을 모면할 수 있다."

비움 ⑦

—오마르 카얌

　　　　　페르시아의 시인이며 수학자이자 천
문학자인 오마르 카얌Omar Khayam은 즐겁게 살며 삶의 작은 것에
서 기쁨을 느낀 사람 가운데 하나다. 멋지게 4행시를 짓던 카얌은
천문학 도표를 수정하고 이슬람 달력을 새롭게 만들었으며 대수학
의 발전에 공헌했다.

　　오마르 카얌의 아버지는 천막 짓는 사람이었다. 아버지의 직
업은 오마르의 별명이 되었고, 오마르는 이 별명으로 750년 뒤 세
계적으로 유명한 시인이 되었다. 그의 아버지는 아들이 관조하는
삶을 살도록 했다. 종교가 낭비라고 생각하던 오마르는 삶에 회의
를 느끼며 괴로워했다.

"나는 내가 세상에 온 이유를 모른다. 마치 비가 쏟아지듯이 나는 그렇게 세상으로 왔다. 어디서 왔는지도 모른다. 마치 사막의 바람이 거친 소용돌이를 일으키며 불듯이 나는 세상에서 불고 있다. 그러나 어디로 불어 가는지 모른다."

오마르 카얌은 실제 세상을 떠돌아다니며 밤마다 깨어서 별의 움직임을 관찰했다. 그리고 낮에는 고등수학 문제에 심취했다. 대수학의 필독서를 집필하던 참이기 때문이었다. 아랍어로 쓴 이 책으로 오마르는 페르시아에서 가장 똑똑한 사람이라는 명성을 얻었다. 학자들은 강연에 오마르를 초대했지만 그는 초대를 거절했다. 한편으로는 여행이 힘들고, 또 한편으로는 출세주의자들이 못마땅하고, 다른 한편으로는 학문적 깨달음의 가치를 믿지 않았기 때문이었다.

"밝은 지혜를 갈망하며 교실 안으로 들어갔다. 그리고 지혜가 담긴 글에서 그것을 깨닫기도 했다. 허, 내가 들어온 문을 지나 그전의 어둠 속으로 나가는구나."

오마르는 재미없는 교수들과 함께 있기보다 장기를 두는 친구 곁이나 아리따운 여인들과 장미 정원에 있는 것을 더 좋아했고, 매일 작은 행복을 얻도록 노력했다.

오마르의 재능에 대한 소문은 술탄 말리크의 귀에 들어갔다. 왕국의 달력이 부정확하다고 생각하던 술탄은 오마르에게 달력을 새로 만들라고 지시했다. 오마르는 4년 간 작업한 끝에 새로운 달력을 완성하고 그 후 술탄의 보호를 받았다. 오랫동안 관습을 벗어나 살던 오마르는 성직자들에게는 눈엣가시 같은 존재였기 때문이다. 하지만 오마르는 이런 종교적 위선자들이 싫어서 이들을 조롱하는 글을 썼다.

"우리는 믿음 깊은 영혼들이 화나지 않도록 살금살금 걸어서 술집으로 향하네. 터번과 기도서를 팔아서 장밋빛 포도주를 마시네. 사원 앞을 지날 때에는 성직자들의 따분한 설교가 우리의 불쌍한 귀에 거슬리지 않도록 반드시 조용히, 조용히 길을 멀리멀리 돌아서 가네."

성직자들은 오마르에게 복수를 했다. 신성모독을 했다고 그를 저주하고, 쾌락을 즐기는 소녀들의 매혹적인 육체와 술의 기쁨을 버리지 않는다면 끔찍한 지옥의 형벌을 받을 것이라고 예언했다. 하지만 오마르는 이에 동요하지 않고 시간이 생길 때마다 인생을 즐겼다. 생에서 가장 중요한 재산은 건강과 자유임을 알았기 때문이다.

"사랑하는 이여, 이리 오시오. 밤이 벌써 내리고 있소. 그대의 아름다움과 쾌활함으로 어두워지는 내 마음속 의심을 쫓아주오.
우리 넘치는 술잔을 들어 기쁜 마음으로 마셔 보오. 세상이 웃으며
우리를 술 단지로 만들어 다른 이들에게 주기 전에."

명랑한 삶의 방식은 그에게 유익했고, 시인은 여든세 살까지
살았다.

오마르 카얌의 짧은 시는 1858년 처음으로 에드워드 피츠제
럴드에 의해 영문으로 옮겨져 서구에 알려졌고 곧 큰 반향을 불러
일으켰다. 영국 청교도들은 그가 평온한 영혼과 아름다운 여인,
포도주의 향기에서 얻는 기쁨에 매료되었다. 옛 페르시아 사람의
시는 기독교의 《성경》과 함께 세상 사람들이 가장 많이 읽는 책이
되었다. 손으로 쓴 귀중한 원본은 1912년 미국으로 건너오다 타이
타닉 호와 함께 대서양의 영원 속으로 사라지고 말았다. 시인은
빙긋 웃었을지 모른다. 세상에 영원한 것은 없다는 사실을 알고
있었으므로.

비움 ⑧

—헨리 소로

최초 녹색당원인 헨리 소로Henry D. Thoreau는 1817년 7월 12일 매사추세츠 콩코드에서 태어났다. 이곳은 또한 그가 1862년 5월 6일 세상을 떠난 곳이기도 하다. 소로는 문명에서 사는 삶이 지겨웠다. 하버드 졸업생으로서 생존경쟁에서 유리한 위치를 차지할 수 있는 조건을 갖추었지만, 자신이 한 일에 만족을 느낄 수 없었다. 그는 누이의 주선으로 교사로 일할 자리를 얻었다. 부모는 안도의 한숨을 쉬었다. 걱정을 끼치던 자식의 미래가 이제 안정될 듯 보였기 때문이다. 그러나 소로는 교사가 학생을 때리는 교육의 현실을 비난했다. 어느 날 교장이 소로에게 못된 학생을 체벌로 바로잡지 않는다고 질책하자, 이 인도주의자는 교장

앞에서 학생 여섯 명을 제비로 뽑아 앞으로 나오도록 한 뒤 자로 상징적인 매를 한 대씩 때리고 사직했다.

소로는 삶의 의미를 찾기 위하여 1837년 10월 22일부터 일기를 쓰기 시작했다.

"혼자 있기 위해서는 현재를 벗어날 필요가 있다. 나 자신을 멀리한다. …다락방을 찾아간다."

그리고 다락방에서 생각에 잠기지 않는 때에는 아버지 같은 친구이자 위대한 철학자 랄프 왈도 에머슨을 만나러 갔다. 에머슨은 '미국 학자'에 대한 자신의 이상을 소로가 구현해주기를 바랐다. 소로는 의미 있는 삶을 사는 방법을 찾아내 형과 함께 사립학교를 세우고 큰 성공을 거두었다. 그러나 3년 뒤 형이 죽자 그는 심한 우울증에 빠지고 학교는 폐교되는 지경에 이르렀다.

에머슨은 의기소침한 소로를 불러 자기 집에서 함께 생활했다. 여기서 소로는 잔디를 깎고 은수저를 닦으며 자신의 정신세계에 빠져 지냈다. 비밀종교를 믿는 친구들이 지역 공동체를 함께 세우자고 제안했지만 그는 이를 거절하고 그 이유를 이렇게 밝혔다.

"내가 스스로 결정해 들어가지 않은 집단에는 남아 있지 않을 것이다."

에머슨은 소로에게 언론계의 중심지인 뉴욕 근교에 가정교사 자리를 마련해 주었다. 소로가 저널리스트로 일할 기회를 얻기 바랐기 때문이다. 그러나 소로는 번잡하고 불행한 대도시 생활에 마음이 우울했다.

"도시에서 부랑아들은 오히려 부럽고 존경할 만한 존재다."

절망한 소로는 고향으로 돌아와 아버지의 연필공장에서 일하며 가족이 살 집을 새로 짓는 일을 도왔다. 싫증이 날 때까지. 소로는 문득 깨달았다.

"집을 떠나 호숫가에 살고 싶다. 갈대숲 사이 속삭이는 바람 소리가 들리는 곳에서 살고 싶다. 친구들은 거기서 무엇을 할 것이냐고 묻는다. 그러나 계절이 지나는 것을 지켜보는 것만으로도 할 일이 많은 것이 아닌가?"

에머슨은 소로에게 땅을 주었고, 세상을 등진 소로는 숲으로 들어가 자신이 직접 오두막을 지은 뒤 프란츠 아시시와 같은 삶을 살았다. 소로는 '낙원 최초의 사람'처럼 행복을 느끼고, 이로써 생태학의 개척자와 미국의 유명한 자연시인이 되었다. 소로에게는 자연의 본질을 캐내는 뛰어난 재능이 있었다.

"그 옆에는 어두운 늪 속 녹슨 붉은색 모래 위에 부르고뉴 산

포도주와 같은 시내, 늪의 포도주가 흐른다."

소로는 《숲 속의 생활》이라는 책을 썼다. 그러나 책은 실패했고, 그 후 그가 쓴 글은 모두 서랍 안에 묻혀 버렸다. 몇 푼 안 되는 세금 내기를 거부하자 어느 날 문명이 들이닥쳐 소로를 체포해 감옥에 가두었다. 그가 세금을 내지 않은 것은 노예제도를 허가하는 미국의 법에 항의하려고 했기 때문이었다. "노예는 미국 시민이 아니다. 물적 재산이다."

크게 격앙한 소로는 불평등에 관한 글 《시민 불복종》을 썼다. 100쪽이 채 되지 않는 이 작은 책은 60년 뒤 엄청난 위력을 발휘했다. 비폭력으로 싸워 자유를 얻으려던 마하트마 간디, 2차 세계대전 프랑스에서 지하저항운동을 벌인 투사들, 마틴 루터 킹 목사와 자유를 사랑하는 전 세계 수백만 사람들은 소로의 책에서 영감을 얻었다.

이로써 소로는 파트가 말했듯이 "미국 사상의 독립을 위하여 가장 큰 공헌을 한 작가"가 되었다. 노예제도에 맞서서 격렬한 투쟁을 벌이고, 도망친 노예들을 도우며 미국 정부의 이중적 도덕성을 신랄히 비판한 소로는 마지막으로 존 브라운John Brown에 대한 글을 썼다. 노예제도를 반대하던 이 과격한 투사를 1857년에 처음

알게 되었다. 1859년 12월 2일 미국 정부는 브라운을 사형에 처했다. 큰 충격에 빠진 《존 브라운 대위를 위한 탄원》을 쓰고 사흘이 지나 세상을 떠나고 말았다. 소로가 전하려는 뜻은 이것이다.

"시민은 입법자에게 자신의 양심을 조금도 넘기면 안 된다. 인간의 양심은 왜 존재하는가?"

꿈꾸는 사람이 굳건하게 자신의 꿈을 실현하려 한다면 그것은 현실이 될 수 있다. 이에 대한 보기는 수없이 많다. 행복은 우연히 생길 수 있지만 행복한 삶에는 노력을 쏟아야 한다.

꿈 꿀 수 있는 자유를 누려라

"만약 거지가 밤마다 왕이 되는 꿈을 꾼다면 그 거지도 왕이 아닌가!" 프리드리히 니체의 말은 논리에 맞다. 누구나 꿈속에서는 행복을 경험한다. 일본의 위대한 여류시인 오노노 코마치는 이런 멋진 시를 지었다.

진정 사모하는 사내를
꿈에서 만난 뒤
비로소 꿈속의 아름다운 나비를
사랑하게 되었네.

그리고 한국의 여류시인 명옥도 이렇게 썼다.

꿈에 뵈난 님이 신의업다 하것마난

탐탐이 그리올 졔 꿈 아니면 어이보리

져 님아 꿈이라 말고 자로자로 뵈시쇼.

때로는 꿈이 현실보다 더 아름다울 때가 있다.

고대 그리스, 이집트, 바빌론 사람들은 아리스토텔레스에서 지그문트 프로이트에 이르는 — 신비주의자는 제외하고 — 후대 많은 학자와 달리 꿈은 영혼의 산물이 아니라 신의 계시라고 믿었다. 현대의 모든 과학실험과 노력에도 꿈의 비밀은 아직 풀리지 않았다. 《꿈의 해석》에서 프로이트의 꿈 해석은 복잡하고 부자연스럽다. 모든 꿈이 소망을 나타내며 성적 욕구로 일어난다고 설명하는 프로이트의 생각은 때로 정말 미숙하게 보인다.

언젠가 오래된 백과사전에서 꿈을 멋지게 해석한 글을 읽었다. 저자는 사람이 깨어 있을 때에는 외부의 활동이 마음의 활동을 결정해서 오감이 사고와 감정에 영향을 미치며, 반대로 잠을 잘 때에는 지성이 휴식하고 상상이 마음에 새겨진 인상을 지성의 통제

없이 처리한다고 말한다.

이것은 아주 훌륭한 발상이며, 동시에 백일몽을 설명한다. 사람은 백일몽을 꾸며 상상의 날개를 단다. 눈을 뜬 채 꿈을 꾸듯이 황홀한 기분이나 환상, 혹은 아주 멋진 생각에 사로잡힌다. 그런데도 백일몽은 의지의 통제를 받는다. 꿈은 그 소재를 기억에서 가져온다. 과거 일련의 그림을 여러 번 바꾸며 반복하거나 다양한 경험 속 그림을 짜 맞춘다. 그래서 태어날 때부터 앞이 보이지 않는 사람은 무엇을 보는 꿈을 꾸지 않고, 후천적으로 시력을 잃은 사람은 실명한 뒤 얼마 동안만 눈으로 보는 꿈을 꾸며, 귀가 먼 사람은 귀로 듣는 꿈을 꾸지 않는다.

그러나 현대 과학으로 전혀 설명할 수는 없지만 철학이나 예술의 문제가 꿈에서 해결되는 때가 있다. 상상력과 꿈속의 지혜가 결합하여 생각의 비약이 일어난다. 이것은 백일몽에서는 절대 일어나지 않는 일이다. 고대 그리스 철학자들이 말한 '선과학적' 영감이 작용하는 듯하다.

스모할라Smohalla는 북아메리카 인디언의 종교 지도자로서, 1870년대 말 꿈꾸는 사람을 숭배하는 종교를 세운 사람이다. 허긴스E. H. Huggins가 스모할라를 찾아가서 나눈 대화에는 주목할 만한 점이 있다. 허긴스는 이렇게 전한다.

허긴스 | 나라는 갈수록 백인들과 이들의 가축으로 넘치는데 야생동물은 거의 모두 사라졌소. 당신의 부족 젊은이들이 백인의 일을 배우는 것이 낫지 않소?

스모할라 | 우리의 젊은이들은 절대 일을 하지 않을 것이오. 일하는 사람은 꿈을 꿀 수 없소. 지혜는 꿈에서 오는 것이오.

허긴스 | 하지만 겨울 양식을 모으기 위해 물고기를 잡는 때에도 힘들게 일을 하지 않소?

스모할라 | 그 일은 단지 몇 주밖에 걸리지 않소. 물고기를 잡는 것은 자연스러운 일이며 사람을 해치지 않소. 하지만 백인의 일은 사람의 몸과 마음을 굳도록 만드오. 백인이 하듯이 땅을 파는 일은 옳지 않소.

허긴스 | 하지만 당신들도 뿌리를 캐지 않소? 지금도 당신의 부족은 산에서 캐머스 뿌리를 캐고 있소.

스모할라 | 우리는 선물로 받은 것만 취하오. 우리가 땅을 다치게 하는 것은 갓난아이가 어머니의 젖가슴에 상처를 내는 것과 같소. 그러나 백인은 넓은 땅을 깊이 파헤치고, 숲의 나무를 모

두 베어 내고, 땅의 얼굴을 완전히 바꾸어 버리오. 이것이 옳지 않음을 당신도 알고 있소. 정직한 사람은 이것이 위대한 정신의 법칙에 어긋난다는 사실을 알 것이오. 그러나 백인은 너무도 탐욕스러워 그것을 생각하지 않소.

허긴스 | 당신은 지혜가 꿈에서 나오며 일하는 사람은 모두 꿈을 꿀 수 없다고 말했소. 그렇지만 일을 하는 백인은 많은 것을 할 줄 아오. 인디언이 모르는 일을 많이 할 수 있소.

스모할라 | 백인의 지혜는 머리와 생각에서 나오는 것이오. 이러한 지혜는 약하고 초라한 것이오.

허긴스 | 당신이 말하는 꿈에서 나오는 지혜란 무엇이오?

스모할라 | 참 지혜는 누구나 스스로 경험해야 하오. 그것은 가르칠 수도 말로 표현할 수도 없소.

허긴스 | 그렇다면 꿈에서만 경험할 수 있다는 말이오?

스모할라 | 우리가 꿈을 꾸는 사람과 함께 노래하고 밤새 춤을 추면서 배울 수도 있소. 백인이여, 당신은 당신 민족의 지혜를 갖고 있소. 그것으로 만족하시오.

꿈의 힘을 과소평가해서는 안 된다. 카를 구스타프 융은 이렇게 말한다.

"꿈은 우리의 의지에만 복종하지 않는 것이 아니라 종종 현실과도 뚜렷이 대립한다."

수백 년 동안 기독교인은 신이 보내는 꿈이 있다고 믿었다. 이 꿈은 정신과 마음을 밝히며, 외부의 원인 때문에 일어나지 않는다. 교회의 오랜 지혜에 따르면 신은 어느 곳에나 존재하기 때문에 특별히 꿈에 나타나지 않을 이유가 없다고 하였다. 성경에 나오는 파라오의 유명한 꿈이 그 증거다. 파라오는 꿈에서 일곱 마리 살찐 소와 일곱 마리 여윈 소를 보았는데, 요셉이 파라오의 꿈을 정확히 해석하여 이집트의 흉년을 막아 내었다. 여기서는 왕의 꿈과 해몽가의 설명으로 온 백성이 행복을 누렸다.

"나에게는 꿈이 있습니다."

이것은 흑인 목사 마틴 루터 킹의 마법과 같은 선언이다. 킹 목사는 이 선언으로 억압당하는 미국 내 소수 흑인의 평등한 권리를 위하여 싸웠고, 그의 투쟁은 어느 측면에서 성공을 거두었다. 만약 이 꿈이 없었다면 오늘날 흑인 국무장관 콜린 파웰은 존재할 수 없을 것이다. 그러므로 꿈에는 분명 힘이 있으며 우리의 생각과 행동에 큰 영향을 미친다.

인도를 비폭력으로 해방하고 싶었던 마하트마 간디의 꿈도, 할리우드 '금 새장'에서 벗어나고 싶었던 카를 추크마이어의 꿈도 모두 현실이 되었다. 자유를 바라는 이러한 꿈은 모두 — 마틴 루터 킹 목사의 꿈도 — 미국 매사추세츠 출신 철학자 소로에게서 영감을 얻은 것이다.

1719년에 나온 다니엘 디포의 유명한 소설에서 주인공 로빈슨 크루소는 행복에 이르는 스토아 철학자들의 성공비결을 정확히 따랐다.

"타인에게 구속되지 마라."

"다른 사람에게 의존하지 말고 스스로 일어서라."

"자신의 능력이 닿는 만큼만 행하라."

"상황을 바꿀 힘은 어차피 없으니 걱정할 필요가 없다."

디포의 모험 이야기에서 난파를 당한 젊은 뱃사람 로빈슨 크루소는 외로운 섬에서 28년 동안 홀로 살아간다. 다른 선원들은 모두 바다에 빠져 목숨을 잃었지만, 로빈슨은 난파한 배에서 연장과 무기, 탄약과 옷을 건져 내어 동굴에서 생활한다. 그는 야생 염소를 잡아 길들이고, 과일나무를 심고, 밭에 곡물을 심는다. 그리고 정신이 나태해지지 않도록 규칙적으로 일기를 쓰며 자신이 겪는 일들을 자세히 기록한다. 로빈슨은 행복하다. 자신이 가진 것에 만족하기 때문이다. 그는 자신의 상황을 결정짓는 선과 악을 평가하며 다음과 같은 결론을 내린다.

"어떤 불행에 빠지더라도 그 안에는 반드시 좋은 것이 있다."

신을 믿는 마음과 용기가 있다면 어떤 절망적인 상황도 극복할 수 있으며, 행복이란 힘든 노동 속에서도 얻을 수 있기 때문이다.

"내 평생 연장을 사용한 적은 없지만, 부지런히 일하고 인내하며 통찰력을 발휘한다면 놀랍도록 많은 일을 해낼 수 있다고 생각한다. …내가 가질 수 없는 것을 바라는 데 시간을 허비하는 것은 헛되다. 바로 이러한 생각이 내 일의 원동력이 된다."

로빈슨은 살아남기 위하여 싸운다. 그가 하는 일은 모두 성공해야 한다. 그러므로 낙심에 빠져 있든 확신에 차 있든 최선을 다한다. 자신의 생존이 달려 있기 때문이다. 일을 100% 성공하지 못한 날에는 전력을 다해 75%만 해낸다. 잘못한 것에서 깨달음을 얻고 자신이 세운 목표를 끈기로 점차 이루어 나간다. 오직 살아남기 위하여 싸워야 하는 로빈슨은 잠시도 불평할 수 없다. 불평은 아무 것에도 쓸모가 없으며 적극적으로 추진하고 배우는 자세만 필요하기 때문이다.

중국에 이러한 속담이 있다. "세 번 시도하여 이루지 못하는 일은 없다." 때로는 네 번이나 다섯 번 시도해야 한다. 최선을 다한다는 말은 현재에 온 정신을 집중하고, 다른 곳에 주의를 빼앗기지 않으며 자신이 할 일을 하는 것을 뜻한다. 자신의 일을 사랑하는 법을 배우는 사람에게는 기쁨이 도움이 된다.

대부분 현대인은 힘없이 일터에 나가 시간이 지나기만을 기다린다. 이렇게 시간을 허비하는 것은 인생을 잃어버리는 것이다. 그런데 스스로도 이 사실을 알기 때문에 불행하고, 끊임없이 도망칠 생각을 한다. 기회가 오면 짧은 여행이나 쇼핑을 즐기고, 술집에 가거나 마약에 빠져 버린다. 이렇게 자신의 불행을 키워 나간다.

디포의 책은 현대인에게 아주 훌륭한 교과서다. 그렇다. 현대인에게다. 책 속의 깨달음은 시간을 초월하기 때문이다.

"우리는 자신이 가지고 있는 것에 감사하지 않고, 가지고 있지 못한 것을 불평한다."

우리는 살아가면서 적어도 한 번은 로빈슨 크루소가 되지 않는가? 모든 사람은 언젠가 외로운 섬에 홀로 흘러들어 세상으로부터 버림받은 느낌을 갖는다. 그리고 경제적으로나 사회적으로, 정신적으로나 육체적으로 그야말로 생존을 위하여 싸워야 한다.

비움 ⑨
—차바드 아미르 시마리

차바드 아미르 시마리Dschawad Amir-
Schimari는 어릴 때부터 사담 후세인 정권에 공포를 느끼며 자랐다.
그가 군대에 갈 나이가 되었을 무렵 형은 이란전쟁에서 '순교'했
다. 차바드는 이십여 년 동안 부엌의 비밀공간에 몸을 숨겼다. 전
장에 나가 죽어서 영웅이 되고 싶지 않았기 때문이다. 신실한 시아
파 교도로 하루에 다섯 차례 기도를 올리며 평화를 기원하고 싶을
뿐이었다. 이것은 그가 삶에서 바라는 아주 소박한 바람이었다. 그
러나 독재정권하에서 평화를 사랑하는 그의 생각은 사형선고를 받
기에 충분했다. 후세인 정권은 사람들을 마구잡이로 잡아들였고,
차바드의 친구 15명은 후세인의 앞잡이들에게 붙잡혀 교수형을 당

했다. 차바드는 그 열여섯 번째가 되고 싶지 않았다.

그렇지만 어디로 도망칠 수 있을까? 완전히 봉쇄된 이라크 곳곳에는 추적하는 사람들이 숨어 있었다. 어느 날 밤 차바드는 어머니의 방과 부엌 사이에 길이 2미터 너비 80센티미터의 비밀공간을 만들었다. 이 비밀공간은 너비 30센티미터 깊이 50센티미터의 바닥 구멍을 통해서만 안으로 들어갈 수 있었다. 들어가는 구멍 위에는 벽돌로 만든 뚜껑을 덮고, 뚜껑 위에는 마분지 상자를 깔고, 마분지 상자 위에는 어머니의 침대를 놓았다.

이렇게 차바드는 흔적도 없이 사라졌고 어머니만이 그가 어디에 숨어 있는지 알았다. 어머니는 먹을 것을 몰래 넣어주었다. 자신을 산 채 매장한 이 기이한 은둔자에게 빛은 천장 틈으로 들어오는 것이 전부였다. 감옥에는 물이 집 밖으로 흐르도록 설치한 물통이 있었는데, 차바드는 이것을 화장실로 사용했다. 아주 더운 때에는 작은 환기장치가 더위를 식혀 주었고, 겨울에는 천장이 온기를 유지해 주었다. 차바드는 코란과 마호메트에 관한 책 두 권을 읽으면서 정신적인 활동을 쉬지 않았다. 한 번도 지루한 적이 없었다. 차바드는 일곱 시간 잠을 잤다. 매일 새벽 4시 반에 자명종이 울리면, 차바드는 자리에서 일어나 헤드폰을 쓰고 라디오를 켰다. 그의 감옥 밖에서는 아무도 그가 내는 소리를 듣지 못했다. 차바드는 하루에 다섯 번 기도를 하고, 천장에 고정된 손잡이로 턱걸이를 하고, 작은 전기밥솥에 밥을 짓고, 친구들의 초상화를 그리고, 알라에 대해 묵상했다.

"알라는 위대하세요." 사회로 돌아온 차바드는 이렇게 말했다. "알라는 인내를 가르치셨어요. 저는 21년 동안 인내했지요." 그렇지만 외로울 때에는 때로 공포에 휩싸였다. 너무도 두려워 가끔 밤이 되면 감옥에서 빠져 나와 어머니 방을 걷기도 했다. 2003년 4월 10일 차바드는 라디오를 통해 바그다드에 있는 후세인의 동상이 철거되었다는 소식을 듣고 운둔생활을 마치기로 결심했다. 그가 세상으로 나왔을 때 태양빛이 너무도 강렬해서 어머니는 아들에게 선글라스를 구해 주었다. 집 마당에는 기름통과 여름에 가족이 쓰던 침대 받침대 세 개가 녹슨 채 널려 있었다. 21년 전 마지막으로 본 모습 그대로였다. 차바드 자신만이 마흔아홉 살의 늙은 남자가 되어 있었다. 그러나 그는 죽지 않았다!

가진 것에 만족하라

가난한 어린 시절을 보낸 영국의 유명한 어문학자 존슨Johnson 박사는 부유함과 만족을 얻을 수 있는 가장 좋은 방법은 절약이라고 주장했다. 존슨 박사에게 절약은 총명함의 딸이고 절제의 형제이자 자유의 어머니다. 베르톨트 브레히트는 이 생각을 매우 쉽게 풀어썼다.

"사고하는 사람은 빚과 잉크와 생각을 지나치게 쓰는 법이 없다. 돈이란 신비하고 기괴한 물질이기 때문이다. 돈은 살아있다. 생명과 건강을 걸고 수고해서 얻고 도둑맞지 않도록 지켜야 한다. 때로 돈은 수수께끼처럼 스스로 많아지다가도 금방 사라지지만, 사람은 돈이 없는 이유를 잘 모른다. 돈은 인간을 지배하고 온 세상을 자신에게 종속시킨다."

돈이 앞서 가는 곳에는 모든 문이 열려 있다고 셰익스피어는 말한다. 그리고 돈으로 세상을 움직일 수 있다고 니체는 생각했다. 대부분 사람들은 아무리 힘들게 번 돈이어도 거리낌없이 하찮은 것에 쓴다. 언젠가 베텔스만 출판그룹 사장은 기업 경영진이 출입구에 놓을 화분 가격을 두고는 몇 시간 동안 논쟁을 벌여도 새로운 인쇄기에 대해서는 한 번도 논의하지 않는다고 나에게 말한 적이 있다. 수백만 유로의 돈이 걸린 일에는 노련한 경영자들조차 합리적으로 쓸 생각을 하지 못한다. 수십만 유로를 절약할 수 있는 곳에서 이성은 말을 듣지 않고 재물의 신 맘몬의 지배를 받는다.

방탕과 낭비의 반대인 절약은 작은 것에서 시작된다. 거리낌없이 매일 레스토랑에서 밥을 먹거나 값비싼 자가용을 타는 사람은 머지않아 돈 때문에 고생할 것이다. 억만장자 엘튼 존 역시 사치스러운 생활로 통찰력을 잃어버렸다. 그 역시 많은 다른 사람들처럼 은행빚에 시달렸다.

예수는 은행가를 일러 이렇게 말했다. "가진 자에게는 더 주고 없는 자에게서는 빼앗는다." 빚이 점점 커지는 사람은 머지않아 이자의 무게에 눌려 숨이 막힌다. 요컨대 빚의 덫에 걸린 사람은 자유를 잃어버린 인간이 되는 것이다. 절약이 곧 자유인데도 많은 사람들이 빤히 보이는 불행으로 내달리는 이유는 무엇일까? 그 이유는 호사를 누리고 싶은 탐욕, 이웃과 심지어 모르는 사람에게도 실제 자신이 가진 것보다 더 많이 가진 사람으로 보이고 싶은 허영 때문이다. 모든 산업은 허영으로 먹고 산다. 이러한 허영을 부리고 싶은 충동은 도대체 왜 생길까? 초등학교에 다니는 어린 아이들마저도 이 질병에 감염되었다.

철학자 디오게네스가 생각하는 진정 자유로운 인간은 아무것에도 종속되지 않는 사람이다. 다른 사람의 생각에도, 죽음에 대한 두려움에도 모두 자유롭다. 자유로울 수 없는 사람은 자신이나 자신의 소유를 과시할 때에 적어도 스스로를 파멸시키지 않도록 지혜로워져야 한다. 많은 사람들은 자신을 훈련하지 않아서 고통스럽고 불행한 삶을 살아간다.

그러나 절약하는 방법, 자유로 가는 첫발은 아주 간단하다. 첫째 원칙은 수입보다 지출이 적어야 한다. 신용대부를 받으면 수 년 동안 빚을 지고 부담을 안은 채 살아야 한다.

둘째 원칙은 항상 현금으로 계산하는 것이다. 지출 내역을 정확히 파악할 수 있기 때문이다. 갑자기 통장 잔고보다 더 많은 돈이 인출되어서 이자 손해를 볼 뿐 아니라 은행이 신용카드 지급을 중단해 별안간 빈털터리가 될 위험이 없다.

똑똑한 사람은 수입의 반 이상을 반드시 저축한다고 영국의 위대한 철학자 프랜시스 베이컨Francis Bacon이 말했다. 확실하다고 생각하던 소득이 별안간 없어지면 — 이것도 절약해야 하는 이유 다 — 진짜 위기에 처할 수 있기 때문이다. 돈이라는 물질은 신비롭고 날씨처럼 불안정하다. 부부 가운데 한 사람이 하룻밤 사이 실직자가 되어 더는 할부금을 내지 못해 집을 잃어버리는 가정이 많다. 1843년 뉴올리언스 상인 존 도너우는 인생을 성공하는 합리적인 비결을 자신의 묘비에 새기도록 했다.

1. 노동은 삶의 조건임을 항상 기억하라.
2. 시간은 금이다. 그러므로 1분도 허비하지 말고 매 순간을 유익하게 써라.
3. 네가 다른 사람에게서 받고 싶은 대로 다른 사람을 대접하라.
4. 오늘 할 수 있는 일을 내일로 미루지 마라.
5. 네가 할 수 있는 일을 다른 사람에게 위임하지 마라.

6. 다른 사람의 것을 시샘하지 마라.

7. 사소한 경우도 주목하라.

8. 벌어들이지 않는 것은 지출하지 마라.

9. 재산을 소모하지 말고 늘려라.

10. 생활 속 모든 일에서 질서를 유지하라.

11. 좋은 일을 되도록 많이 하라.

12. 즐거움에 필요한 것을 거부하지 마라. 하지만 고결한 간소
    함과 절제로 살아라.

13. 생의 마지막 순간까지 일하라.

내가 아는 연금생활자들을 보면 생의 마지막 순간까지 일하라
는 그의 마지막 조언은 매우 현명하다. 수 년 간 중요한 위치에서
일에 몰두하던 사람들이 자신보다 경험이 많고 일을 잘 이해하는
사람이 없어도 갑자기 직장을 그만둘 수밖에 없는 경우가 있다. 내
미국인 친구 프레드 스튜어트가 이런 상황을 극복한 방법은 인상적
이다. 60살에 철제 가구회사의 임원직을 포기해야 했을 때 스튜어
트는 뉴욕을 떠나 어디로 가서 어떤 새로운 일을 시작할지 생각했
다. 그리고 1950년대에 의자를 포개서 공간을 절약할 수 있는 철제

의자를 처음으로 개발했다. 의자로 성공했느냐고 묻자 스튜어트는 이렇게 대답했다. "응, 조금." "얼마나 많이 팔았는데?" "5000만 개 이상." (나이가 많은 독자는 크롬으로 도금한 가는 파이프 다리와 적포도주 색 거친 플라스틱으로 만든 쿠션과 등받이 의자를 기억할 것이다.)

프레드는 기후가 좋은 애리조나로 가기로 결심했다. 그곳의 겨울은 그야말로 천국이다. 산에서는 여름을 보내는 것도 견딜 만했다. 프레드는 남서부의 아름다운 풍경, 안락한 삶, 평온하고 저렴한 생활을 만끽했다. 그런데 그가 하루 종일 할 수 있는 일은 무엇일까? 포도주를 즐겨 마시던 프레드는 포도를 재배하기로 마음먹었다.

프레드의 생각에 관심을 가진 투손 대학 농업연구소 학자들은 1890년 무렵 몇몇 독일인이 애리조나에서 마지막으로 포도를 재배했다고 일러주었다. 그러나 알 수 없는 이유로 재배는 지속되지 않았다. 대학 연구원들은 프레드의 프로젝트를 지지하고 후원하고 싶었지만, 프레드의 나이가 너무 많다며 피칸을 재배하라고 추천했다. 애리조나에는 수 년 동안 피칸을 성공적으로 재배한 농장이 대여섯 가구 있었다. 이 농장주들은 경험에서 얻은 기술이 풍부했다. 이전까지 피칸을 주로 재배하는 곳은 텍사스였다. 피칸은 원산

지가 북아메리카인 호두로 빵을 굽는 데 많이 쓰이고, 볶아서 군것질 하기에 딱 좋다. 또한 기름을 짜내는 데에도 적합하다.

프레드는 전문서적을 읽으면서 기술을 익히고 성공한 피칸 농장 주인을 찾아갔다. 그리고 마음에 드는 오래된 농장과 토지 수백 헥타르, 농기계와 작업도구를 산 뒤 나무 8000그루를 심고 정성껏 가꾸어 첫 수확을 기다렸다. 처음 수확까지는 8년이 걸렸다. 이때 프레드는 69살로 추수감사절과 생일을 함께 자축했다.

빠른 속도로 자라는 피칸나무를 바라보며 8년을 더 즐겁게 산 이 원기 왕성한 70대 중반의 노인은 나이어린 여성과 결혼식을 올리고 농장을 팔아서 그림 같이 아름다운 작은 도시에 있는 전망 좋은 낡은 나무집을 구입했다. 프레드는 정성을 들여서 손수 집을 수리하고 훌륭히 가꾸었다. 몇 년 전 애리조나에 갔을 때 프레드는 마침 파노라마 창문을 만들고 있었다. 그것은 완벽했다. 집을 수리하고 할 일이 더는 없자 프레드는 아내와 함께 꽃가게를 열었다. 그가 82살이었을 때다. 그는 여전히 즐겁고 명랑하고 활발했다. 춤추고 노래하고 요리하기를 좋아하며 삶을 즐기고 있었다. 상인 존 도너우의 철학을 따라서 살고 있었기 때문이었다.

1692년 볼티모어 세인트 폴 교회에 새겨진 인상 깊은 글을 덧

붙여 이러한 인생관을 설명하고 싶다.

시끄럽고 조급해도 조용하고 의연히 가라. 그리고 고요가 품을 수 있는 평화를 기억하라.

가능한 한 다른 사람의 수중에 있지 않으면서 모든 사람과 사이좋게 지내라. 진실을 조용하고 분명히 말하며 다른 사람의 말에 귀 기울여라. 어리석고 무지한 사람에게도 그 사람 자신의 이야기가 있다.

시끄럽고 공격적인 사람을 피하라. 이들은 정신에 해롭다.

자신을 다른 사람과 비교하면 마음이 괴롭고 스스로가 하찮은 존재로 여겨질 것이다. 자신보다 더 잘나거나 못난 사람은 항상 있기 마련이다.

성과를 기뻐하고 계획을 즐거워하라. 아무리 소박해도 자신의 길에 충실해라. 변하는 시대에는 그것이 진짜 재산이다.

사업을 할 때에는 항상 조심하라. 세상에는 남을 속이는 사람이 많기 때문이다. 하지만 그렇다고 해서 정직을 알아보지 못하는 사람이 되어서는 안 된다. 많은 사람은 높은 이상을 좇으려고 노력하고, 곳곳에서는 용맹이 넘친다.

너 자신으로 살라. 무엇보다 겉으로만 호의를 베풀지 말고, 사랑할 때에는 냉소적으로 굴지 마라. 모든 것이 메마르고 실망을 안겨도 풀잎처럼 영원한 것이 사랑이다.

세월의 뜻을 의연하고 부드러운 마음으로 받아들이고 젊은 날의 일을 품위 있게 버려라.

예측하지 못한 불행에 맞서서 자신을 지킬 수 있도록 정신의 힘을 키워라. 생각으로 스스로를 괴롭히지 마라. 두려움은 대개 피로와 고독 때문에 일어난다.

자기 규율을 지키며 자신에게 공정하라. 너는 나무와 별 못지않은 우주의 자손이다.

너는 이곳에 있을 권리가 있다. 네가 알든 모르든 우주가 발전해야 하는 대로 발전하는 것은 틀림이 없다. 네 수고와 바람이 무엇이든지 생의 시끄러운 혼란 속에서 마음을 평화로이 지내라.

거짓과 고난을 겪고 모든 꿈이 깨어져도 세상은 아름다운 곳이다. 신중히 행동하고 행복하도록 노력하라.

비움 ⑩
— 스코트 니어링과 헬렌 니어링

자기 의지로 대세를 버리는 사람들
이 있다. 헛된 탐욕, 더 큰 성공이나 돈, 인정이나 권력을 위한 싸
움에서 더는 의미를 찾아낼 수 없기 때문이다.

전설적인 미국인 스코트 니어링Scott Nearing이 바로 이러한 사
람의 전형이다. 그는 아내 헬렌 Helen과 함께 현대 시민이 글로벌
독점자본주의의 압박에서 벗어날 수 있는 방법을 구상했다. 매우
교육적이고 추천할 만한 자서전 《조화로운 삶》에서 그는 이렇게
말한다.

"트루먼 대통령이 히로시마를 파괴하겠다고 결정한 사건은 나
와 서구문명 사이에 감정과 무의식으로 연결된 고리를 완전히 끊

어 놓았다. 사건은 1945년 8월 6일, 내 예순두 번째 생일에 일어났다. 이 날 나는 트루먼 대통령에게 편지를 썼다.

'당신의 정부는 더이싱 나의 정부가 아닙니다. 오늘부터 우리의 길은 두 갈래로 나뉠 수밖에 없습니다. 당신은 자멸하는 방향으로 계속 나아가십시오. 세상을 저주하고 파멸로 이끄십시오. 나는 협력과 사회적 평등, 인간의 행복에 근거하는 인간적 사회를 만드는 데에 헌신하겠습니다.'

일본에 핵무기를 투하한 행위는 인류에게 저지른 범죄일 뿐 아니라 그 결과 지구의 파괴적 힘이 끝없이 커지게 만드는 크나큰 과오였다."

이것은 예언이었다. 니어링은 굽힐 줄 모르는 계몽주의자로 투쟁했다. 광기에 반대하는 논설을 쓰고, 강연을 하고, 라디오 방송에서 시민의 의식을 흔들어 깨웠다.

"나는 미국의 과두정치, 미국의 생활방식, 미국의 시대, 미국의 제국주의, 서구의 문명을 거부한다."

니어링에게 현대 미국이 사는 방식은 추악하고, 사람을 착취하며 멸시하는 것이었다. 경제적 과두정치에 대항한 니어링은 (그리고 소비사회의 광기, 경제의 권력, '과두정치에 의한 끝임없는 세뇌' 에 굴복하지 않으려고 완강히 거절하는 다수 정직한 미국인들은) 더는 대학에 남을 수 없게 되자 독립한 교육자로서 지구의 교화에 공헌하고, 상황이 허락하는 한 계속 주장하며 글을 쓰기로 결심했다. 그러나 중요한 것은 그 다음이었다. 그렇게 생활하는 데에 필요한 돈은 어디서 조달할 것인가?

"이 일에 뜻을 모은 많은 친구들과 동지들은 트럭운전수, 우유나 신문배달원, 식당종업원, 짐꾼, 택시운전수로 일하며 살았다."

니어링은 시골에서 살기로 마음먹었다. 시골에서는 가진 것이 없어도 품위 있게 살 수 있다고 믿었기 때문이다. 적어도 자기가 먹을 것을 주머니 속의 마지막 몇 센트로 슈퍼마켓에서 사거나, 심지어 쓰레기통을 뒤져 구할 필요 없이 직접 심고 길러서 먹을 수 있었기 때문이다. 시골에 살면 또한 자연에 집중하며 살 수 있다. 땅, 물, 계절의 변화, 새들의 지저귐을 만끽할 수 있다. 이러한 생활에는 많은 돈이 들지 않고, 살림을 지혜롭게 꾸리면 저축도 가능하다.

도시를 떠나서 새로운 시작을 결정했을 때 니어링은 거의 쉰 살이었다. 보통사람은 사는 데에 지쳐 연금을 바라는 나이에 그는 새로운 일을 시작한 것이다. 자신보다 스무 살 어린 둘째부인 헬렌과 함께 니어링은 1932년 뉴잉글랜드 버몬트 주로 이주했다. 그런데 무엇으로 먹고살 것인가?

니어링 부부는 처음에 산림을 경영하여 돈을 벌려고 했지만, 단풍나무 꿀을 수확하는 이웃을 보자 벌을 쳐서 생활할 수 있다고 확신했다. 몇 년 뒤 부부는 양봉 전문가가 되었고, 일을 하면서 얻은 경험을 《단풍나무 꿀에 관한 책》에서 설명했다.

꿀 수확은 부부에게 안정된 수입을 보장했다. 부부는 일을 해서 떼돈을 벌 생각이 아니었다.

"이것은 한계를 모르는 게임이다."

부부는 자신들의 일 년 최저생계비가 얼마인지 추산했다. 주거비와 수도비, 난방비는 거의 돈이 들지 않았다. 땔나무는 숲에서 가져왔고, 정원에서는 싱싱한 과일과 야채를 공급받았다. 자급자족하는 부부는 수확물 가운데 일부를 과일이나 견과, 기름이나 옷을 만드는 다른 사람들의 생산물과 교환했다. 항상 현금으로만 물건을 사고 은행대부는 피했다. 현금이 모자랄 때에는 물건을 구입하지 않았다. 이렇게 해서 부부는 은행에 매이는 적이 없고, 대부분의 초보 귀농자를 괴롭히는 '이자의 노예'가 되는 압박을 피할 수 있었다.

부부의 경제방식은 교환이었다. 그러므로 수입에 대한 세금도 낼 필요가 없었다. 충분히 돈을 벌면 다음 회계년도까지 생산 활동을 중단하고, 사회적인 교제와 예술적이고 지적인 활동을 하며 시간을 보낼 수 있었다. 니어링은 거의 백 년을 살면서 쉰 권이 넘는 책을 펴냈다. 그가 쓴 책은 유명한 뉴욕 맥 밀란 출판사의 경제학 교본부터 공산당 출판사의 투쟁을 위한 소책자에까지 이른다. 이 밖에도 니어링이 쓴 책 가운데에는 베스트셀러가 된 책도 있다. 부부는 또한 주위 사람들 사이에서 이웃돕기의 전통을 되살렸다.

내 친구 요하네스 하임라트가 이 부분을 너무도 유쾌히 비평해 여기 그의 짧고 깊은 탄식을 소개했다.

"여기 그러한 일중독자가 또 있군! 사람들은 소박한 삶과 여유는 서로 대립한다고 말하지. …나도 그걸 잘 알아. 난 근본적으로 한가로이 산책하는 사람이야. 느낌이 좋은 곳에서 살고 싶어. 하지만 내 주위는 그렇지 않기 때문에 난 스스로 그러한 곳을 만들어야 해. 이건 할 일이 많다는 말이야. 그래서 100살이 되어서야 산책을 하고, 그러고 나서 인생의 무언가를 얻기 위하여 120살은 살아야 하지."

니어링에 대해 더 이야기한다.

작업 도구와 생산물, 공동작업은 필요한 사람에게 언제나 제공된다. 니어링 부부는 계획적으로 '경쟁하는 산업사회 시스템의 네 가지 해악'에서 벗어나는 데에 성공했다.

1. 물욕 : 이웃을 넘어뜨리는 폭력의 원인이다.
2. 스트레스, 분주함, 소음: 경쟁자를 앞지르려는 강박관념과 관계가 있다.
3. 불안, 두려움, 절망감 : 돈과 성공, 권력을 얻으려고 싸울 때에 나타나는 현상이다.
4. 시간을 잡아먹는 복잡함, 사람을 우울하게 만드는 혼란함: 좁은 도시의 군중 틈에서 혼잡함에 시달린다.

니어링 부부는 겨울에 미국과 유럽, 아시아와 남아메리카를 두루 돌면서 강연과 연구 여행을 했다. 여행 경비는 강연을 하고 받은 사례금과 강연 주최자에게 책과 팸플릿을 직접 판매하고 생긴 돈으로 조달하고, 가능한 경우에는 친구나 주최자 집에 머물렀다. 간단하고 저렴한 부부의 여행 원칙은 다음과 같다.

1. 손에 들 수 있는 만큼만 짐을 꾸린다.

2. 값이 가장 싼 교통수단을 이용한다.

3. 허영심을 버리고 저렴한 가게와 여관을 이용한다.

4. 레스토랑에서 밥을 먹지 않는다. 되도록 익힌 음식 대신 과
   일과 채소와 견과를 먹는다.

5. 술과 담배, 공장에서 만든 음료, 차, 커피를 먹지 않는다.

6. 가능한 한 걸어서 다닌다.

니어링 부부는 친구나 이웃과 사이가 원만했다. 정원과 집, 농
장과 숲에서 일을 하고, 책상에 앉아 글을 쓰면서 육체와 정신을
충분히 사용했다. 신선한 공기를 마시며 몸을 많이 움직였다. 글을
쓰면서 정신을 집중하고 뜻이 같은 사람들과 대화하며 즐거운 시
간을 보냈다. 이러한 생활로 밤에도 노년의 부질없는 상념에 빠지
지 않았고 마음도 건강해졌다. 니어링 부부는 확신했다.

"20대와 50대 사이의 부부 가운데 건강과 돈과 지성을 최소한
이라도 갖춘 사람들은 행복하고 소박한 삶을 살 수 있다."

19년 동안 버몬트에서 생활한 니어링 부부는 70대나 50대가
되어서도 무언가를 시작할 수 있다는 사실을 보여주었다. 부부의
농장 주변이 멋진 스키장으로 '개발' 되자 그들은 소박하고 평화로

운 삶에는 너무 많은 손님이 찾아왔다. 그들은 짐을 꾸리고 젊은 부부에게 농장을 판 뒤 메인에 '숲 속의 농장'을 지어 다시 처음부터 시작했다. 이번에는 산이 아니라 비닷가였다. 단풍나무 꿀 대신 블루베리가 경제의 기반이 되었다. 부부는 많은 나이가 될 때까지 변함없이 정원에서 일을 하고 책을 쓰며 즐겁고 건강하게 살았다.

1983년 100번째 생일을 얼마 앞두고 갑자기 삶의 의욕을 상실한 스코트는 단식을 하면서 죽음을 준비했다. 그리고 6주 뒤 그는 아내 헬렌과 작별하고 저세상으로 떠났다. 남편과 사별한 후 유럽으로 몇 차례 여행을 다닌 헬렌은 책을 두 권 더 펴냈다. 이 가운데 한 권은 남편 스코트와 함께 보낸 삶을 적은 전기였다. 1995년 9월 17일 91살의 헬렌은 교통사고로 숨을 거두었다.

3장

비우는 삶을 실천하라

말하지 말고 행동하라
– 수피의 원칙

자신을 믿어라

순진한 사람은 우연을 믿고, 총
명한 사람은 원인과 결과를 믿는다. 사리에 밝은 사람은 운명이 우
연에 매달리지 않고 세심한 계획에 달려 있다는 사실을 안다. 랄프
왈도 에머슨은 삶이 원인과 결과를 영원히 배우는 과정이라고 말
했다. 그러므로 누구든지 자신의 운명을 주도하고 바람직한 변화
를 일으킬 수 있다. 앞의 여러 보기들이 이를 분명히 보여준다. 이
것은 무인도에서 생존싸움을 벌이고, 의식적으로 소비를 포기하
고, 나쁜 습관을 바꾸는 것에만 국한되지 않는다.

사람은 누구나 더 안정된 정신의 균형을 위하여 자신을 수양
할 수 있다. 수천 년 동안 철학자와 현인, 치료사와 샤먼, 의사와

심리학자는 인간의 정신이 지속적으로 행복할 수 있는 방법을 찾기 위하여 노력했다. 모든 가르침에는 저마다 시작점과 방법이 있다. 주술사 스모할라는 꿈을 예찬하고 춤을 추고 노래를 부르는 것에, 부처는 모든 부정적이고 파괴적인 감정을 버리기 위해 정신을 집중하는 명상에, 실용주의자 스코트 니어링은 소박한 삶에, 스토아 철학자는 자신의 능력에 맞게 사는 것에 행복하게 사는 방법이 있다고 생각했다.

라다크의 어느 라마승은 이렇게 말했다.

"미워하지 마라. 시기하지 마라. 탐욕을 부리지 마라. 일을 하며 자신을 믿는 마음을 키워라."

자신을 수양하는 것은 어느 경우에든 몸과 마음이 긍정적인 변화를 일으킨다. 악기를 배워 본 사람은 처음 손가락 연습부터 곡을 연주하기까지 거쳐야 하는 힘든 과정을 알 것이다. 그러나 아름답게 연주한 곡의 화음이 자신의 마음에서 넘쳐서 듣는 사람의 마음으로 옮겨 갈 때에 느끼는 행복감도 알 것이다.

마음은 갑자기 행복으로 가득하다. 눈으로도 그것을 볼 수 있다. 청중의 얼굴은 기쁨으로 빛이 난다. 모차르트의 오페라를 들을 때도, 록 콘서트나 뮤지컬 공연에서 열광하며 마음의 짐을 벗을 때도, 완벽히 조화로운 건물이나 공원에 들어설 때도, 짧은 시의 기적을 체험할 때도, 감동적인 영화를 볼 때도, 그림에 매료되어서 아름다움을 깨달을 때도, 사랑하는 사람과 정신적 육체적으로 하나가 될 때도 마찬가지다. 이러한 순간에는 근심과 불안이 모두 사라져 버리고, 황홀한 아름다움이 우리를 감싸 마음으로 모든 것과 하나가 된다.

"모든 것과 하나가 되는 것은 신이 사는 삶이다. 이것이 인간의 천국이다."

프리드리히 횔덜린은 말했다.

이 행복한 상태를 지속하는 방법은 무엇일까? 그것은 정말로 가능한 일일까? 부정적인 힘으로 조화와 아름다움을 깨뜨리는 어두운 면도 존재하기 때문이다. 미개한 문명의 사람들은 파괴나 전쟁, 약탈이나 절도를 저지를 때 조화를 전하는 악기를 먼저 파괴한다고 어느 군사 역사학자가 나에게 말한 적이 있다. 파괴하는 힘은 조화를 두려워한다.

루터는 우울할 때마다 노래를 부르고 라우테(Laute: 중세 현악기)를 연주하며 '악마'와 싸움을 벌였다. 아름다운 곳에서 성장한 사람이 우울한 곳에 오게 되면 그 가치를 더 잘 알게 된다. 브롱크스의 추악함, 폴란드나 루르 지방 공업지대의 황폐함은 절망뿐 아니라 공격성도 만들어 낸다. 사람들의 얼굴에는 두려움과 걱정만 드러난다.

예술작품은 일종의 정신 마사지를 한다. 예술은 위로한다. 그러므로 인간의 삶에서 예술의 의미는 아주 크다. 아무리 돈이 많아도, 아무리 돈을 소비해도, 비싼 물건을 갖기 위해 노력해도 만약 행복하지 않다면 모두 무슨 소용이 있는가?

"목에는 진주목걸이를 걸었지만 가슴에는 돌덩이가 있네."

이디시어(히브리어가 섞인 독일어의 한 형태-옮긴이) 속담이다. 우리는 예술품을 통하여 더 아름다운 세상을 인식할 수 있다. 그러나 우리의 마음을 즐겁게 하는 예술은 항상 내부에서 시작된다. 진정한 기쁨은 우리의 마음에서 나와야 한다.

비움 [1]

—카를 추크마이어

노자나 에픽테토스 혹은 스피노자 같은 위대한 현인들의 깊은 깨달음이 담긴 책을 읽고 친구들과 이야기하는 것과 그것을 실천하는 것은 다르다. 그것은 시대에 뒤떨어지는 오래된 삶의 지혜이며 수백 년 전의 다른 문화와 다른 풍토에나 맞는 것이라고 이의를 제기할 수도 있다. 이것은 일부 옳은 말이다. 부처나 간디처럼 인도에 살거나, 성 프란체스코처럼 이탈리아에 살거나, 혹은 예수처럼 팔레스타인에 사는 사람은 삶의 외적인 것에 관한 한 큰 어려움이 없다. 지중해나 인도대륙의 기후에서는 과일이 풍성히 자라므로 먹고 사는 일은 그곳에서 아무 문제가 되지 않는다. 의복이나 난방 문제도 중요하지 않다.

그럼에도 현자의 가르침은 북쪽 지방에서도 유용하다. 1939년 나치의 압제를 피해 아내와 두 딸과 함께 미국으로 간 카를 추크마이어Carl Zuckmayer는 성공한 작가로 세계 곳곳에 지인이 있었기 때문에 다른 많은 망명자보다 기반을 잡는 데 어려움이 덜했다. 명성이 있는 친구가 그를 루스벨트 대통령의 추천을 받을 수 있도록 도왔고, 많은 중요한 인물들과도 교분을 맺을 수 있도록 해 주었다. 한 소설가는 추크마이어가 할리우드에 입성토록 해주었다.

유럽에서 재앙을 경험한 추크마이어는 마치 천국에 온 듯한 기분이었다. 이곳에서는 모든 일이 놀랍도록 빠르고 쉽게 진행되었다. 상황을 파악하기도 전에 그는 시나리오 작가로 영화사와 7년 계약을 맺고 당시로서는 엄청난 금액인 750달러를 주급의 형태로 받게 되었다. 이 액수는 해마다 올랐고, 게다가 시나리오 작가는 1년에 3개월의 휴가를 받았다. 그러나 영화사는 직원을 아무 때나 해고할 수도 있었기 때문에 항상 불안한 분위기가 감돌았다.

추크마이어는 할리우드에서 막스 라인하르트나 프리츠 랑 감독 같은 옛 친구들을 만났다. 그러나 겉으로 화려한 이 세상에서 그는 마음이 편하지 않았다. 어느 날 추크마이어는 막스 라인하르트 집에 모인 옛 친구들에게 이렇게 말했다.

"나는 여기서 오래 있지 않을 거야. 이건 사는 게 아닐세."

그러자 모두들 웃었다. 누구나 그렇게 말했지만 다들 생계에 얽매여 벗어날 엄두도 내지 못했다. 미국 어디서 이렇게 쉽게 돈을 벌고 편히 살 수 있는가?

추크마이어는 흥행을 노리는 천박한 소재 때문에 수준 높은 시나리오를 포기하게 되자 더는 참을 수 없었다. 흥분한 그는 프리츠 랑에게 영화사 측의 요구를 거절하기로 결심한 이야기를 했다. 프리츠 랑은 추크마이어에게 충고했다.

"할리우드에서는 절대 거절하지 않는 법일세. 어떤 요구도 말이야. 거절하는 건 곧 내쫓기는 거지. 그리고 그건 아주 좋은 제안이 아닌가. 그렇게 돈이 많이 드는 영화는 제작만 수년이 걸릴 걸세. 정신 차리고 절대 거절하지 말게나. 그렇지 않으면 자네는 여기서 끝장이야."

추크마이어의 마음은 흔들렸다. 그는 금으로 만든 새장 속에 갇힌 느낌이었다. 하지만 다음 날 아침, 추크마이어는 영화사의 제안을 거절했다. 그리고 며칠 뒤 그의 책상에는 해고 통지서가 놓여 있었다. 추크마이어에게 그것은 구원이었다.

"우리는 어떻게 노력해야 자유를 얻게 되는지 몰랐다."

추크마이어는 가족과 함께 뉴욕으로 갔다. 그는 에르빈 피스카토어의 주선으로 뉴욕 소재 사회과학대학원에서 '드라마에 나타나는 유머'에 대해 강의를 하게 되었다. 그러나 추크마이어는 급속히 유머를 잃어버렸다. 그가 받는 박봉은 살아가는 데에 턱없이 모자랐기 때문이었다. 프리츠 코르트너는 그에게 브로드웨이 연극을 함께 만들자고 제안했다. 그러나 그것은 추크마이어에게 환멸만 안겨 주었다. 이제 어떻게 해야 할까?

그는 가족과 함께 두어 차례 뉴잉글랜드 버몬트에 간 적이 있다. 이곳에서 추크마이어 가족은 편안함을 느꼈다. 숲이 많은 구릉지는 가족이 쫓기기 전까지 행복하게 살았던 고향 잘츠부르크를 연상하게 했다. 추크마이어는 고요한 버몬트의 숲에서 새로 시작하고 싶어졌다. 독일 친구들은 머리를 절레절레 흔들었다.

"비록 농업에 대해 아무것도 몰랐지만 도시에서 어느 기술을 배우는 것보다 농사를 짓는 일이 더 쉬울 거라고 생각했다."

마흔네 살의 추크마이어는 건강하고, 힘세고, 열정이 있었다. 그리고 모험을 함께 감행할 준비가 된 아내가 곁에 있었다. 출판인 앨프레드 하커트는 이 같은 추크마이어의 열정에 감염되어 출간할 책의 원고료를 선불로 챙겨 주었다.

추크마이어 가족은 자신감과 확신에 차 버몬트로 향했다. 그리고 매매나 임대하는 농장을 찾아보았다. 대부분 농장은 값이 너무 비싸거나 위치가 적합하지 않았다. 그러나 용기를 잃지 않았다. 어느 날 추크마이어는 1783년에 만든 백우즈Backwoods 농장을 발견했다. 농장에는 우물과 연못, 90헥타르의 초원과 숲, 경작지가 있었다. 모든 것이 동화 속에 나오는 그대로였다. 농장 주인은 열심히 일하는 이 독일 사람에게 매료되어 농장 전체를 50달러에 임대하기로 결정했다.

추크마이어는 자신이 진정으로 찾던 것을 발견했다. 추크마이어와 아내 그리고 두 딸은 옛날 개척자 가족의 생활을 시작하면서 장작 패기부터 헛간 짓기까지 모든 것을 배워 나갔다. 육체적 노동으로 모든 좌절감은 날아가 버린 듯했다. 가족은 오리와 거위, 닭을 키웠고 나중에는 염소를 길렀다. 염소젖은 위장병 환자를 위해 병원에 납품했다. 모든 일이 순조롭게 진행되자 돼지도 치기 시작했다. 추크마이어 가족은 필요한 것을 거의 다 스스로 만들었다.

"만약 아내와 딸에게 닭털과 염소털로 옷을 만들어 입힐 수 있었다면 우리는 완전히 자급자족했을 것이다."

보스턴과 뉴욕에서 찾아온 독일 친구들은 세상에서 물러나 작은 천국을 만들어 낸 가족을 보고 경탄했다. 그리고 추크마이어 가족은 힘들고 황폐한 생활에서 행복을 발견했다. 나중에 유럽으로 돌아왔을 때 다시 농촌에 삶의 터전을 마련할 만큼 그들은 만족했다.

추크마이어는 비록 힘들었지만 용기 있는 결단을 통해 바라지 않는 일과 생활에서 벗어났다. 높은 수입이 보장됐지만 그를 글 쓰는 노예로 만들었던 상황에서 헤어날 수 있었다. 그는 자신의 삶에서 돈과 명예를 비워낸 후에야 비로소 스스로를 기쁨으로 채울 수 있었다.

스스로를 존중하라

금욕이라는 말은 훈련을 뜻하
는 그리스어 아스케시스askesis에서 유래되었다. 금욕은 육체적, 정
신적 극기를 익히는 종교적 행위다. 여기서는 찬송과 기도와 단식
규율과 같은 기독교의 전통적 수련에 대하여 말하지는 않겠다. 기
독교를 통하여 삶에서 기쁨을 얻을 수도 있다. 그렇지만 오랜 불교
의 전통은 감정을 극복하고 강화하는 명상법을 발전시켰다. 세분
된 불교 명상법은 현대인에게 더 실용적인 가르침을 전한다. 불교
경전에는 8만 4000가지 번뇌가 나온다. 마음을 변화시키기 위하여
고행하는 자는 이 번뇌를 극복해야 한다. 그러므로 '마음의 변화에
이르는 8만 4000가지 법문(法門)'이라는 말이 있다.

궁극적인 문제는 본질적인 기본 감정 즉, 증오, 욕망, 망상, 교만, 시기다. 유익한 의식 상태는 자신에게 긍지를 느끼고 자신의 가치를 소중히 여기는 마음, 정직하고 동정하며 관용과 호의를 베푸는 마음, 정의와 친절과 진실을 알아보는 능력과 사랑, 우의다. 감정을 이해하는 이 세분화된 체계만 보아도 불교 사상의 훌륭함을 알 수 있다.

명상의 목적은 수련자가 한 가지 긍정적 요소에 정신을 집중하여 부정적인 감정을 극복하고 정신적인 힘을 키우며 신성(神性)에 가까이 가는 데에 있다. 긍정적인 힘을 훈련하는 데에 집중하면 친절한 마음이 생긴다. 이 긍정적인 힘은 거의 제2의 본성이 되므로 시기나 욕망은 점점 중요하지 않게 된다. 수련자는 주위 세계와 함께 온전한 평화를 누리고, 행복에 젖어 자유의 기운을 발한다. 수련자의 마음에 평온과 안정, 명백함과 충족이 자리하기 때문이다. 이제 그는 불교인이 세계정신의 가장 깊은 본질이라고 말하는 '근본 선'의 일부다. 이 의식 상태는 명상을 오래 하면 할수록 커진다.

수천 년 동안 절에서는 이러한 방법을 가르쳐 왔다. 라마교 승려나 심지어 달라이 라마와 만나는 사람은 이들의 몸에서 발하는 좋은 기운을 받아서 깊은 지혜를 깨닫는다. 이들이 믿음과 자신감,

활발하고 민첩한 정신, 신중함과 지혜가 살아 있는 행복한 사람임을 바로 느낄 것이다. 자신과 조화롭게 사는 사람의 표정은 매우 강렬하다. 아무것도 숨길 필요가 없기 때문이다. 의심도, 감출 욕망도 없다. 이것은 열린 표정을 두고 하는 말이다. 이러한 얼굴에서는 생각과 느낌을 읽을 수 있다. 의심, 기쁨, 슬픔을. 어린이와 현자, 세속을 떠난 사람의 얼굴에는 평온함과 의연함과 즐거움이 있다.

터키 남쪽 거대한 산줄기 타우로스의 어느 목장에서 여섯 살과 다섯 살짜리 두 아이를 둔 목자를 만난 적이 있다. 이들의 얼굴에서 나는 온전한 행복을 느낄 수 있었다. 석양 빛에 산은 온통 붉게 물들고, 염소 떼 가장자리에 선 세 사람과 텁수룩한 사냥개 세 마리의 모습은 그야말로 황홀한 광경이었다. 마지막으로 이방인이 이곳에 온 적이 언제였냐고 묻자 그는 이렇게 대답했다. "지난해입니다." 목자는 여름 내내 산의 높은 지대에서 가족과 함께 염소 떼를 치며 산 것이었다. 스트레스 없이 소박하게, 욕심 내지 않으면서. 목자와 아이들의 얼굴은 빛나고 있었다. 정치인이나 경영자의 얼굴과 같은 가면이 아니었다. 얼굴에 감정을 솔직히 드러내고, 억누르지 않는 표정에서 놀라운 자신감과 삶에 대한 기쁨, 자연과 하나 됨을 그대로 볼 수 있었다.

우리와 우리의 이웃을 불행하게 만드는 파괴적 생각의 나쁜 결과는 없애 버릴 수 있다. 소박함으로 탐욕을, 사랑으로 미움을, 동정으로 분노를 없애고, 다른 사람이 얻은 성과를 인정함으로 교만을 버릴 수 있다. 누구나 간단한 연습을 통하여 정신적 집중이 마음에 미치는 영향을 스스로 시험해 볼 수 있다. 미소를 짓는 순간 뇌에서는 행복 특유의 작용이 일어나서 기분이 갑자기 좋아지고, 그 반대로 어두운 표정을 지으면 부정적인 감정이 일어나 뇌에서 파괴적 사고가 발생한다. 히틀러의 악독한 얼굴은 영혼의 파괴적 — 자신마저 파괴하는 — 힘을 드러내는 거울이었다. 이 파괴적 힘은 매우 빠른 속도로 한 민족 전체의 큰 부분에 영향을 미치고 끔찍한 결과를 초래하고 말았다.

현대 뇌 연구가들은 승려들이 명상을 통하여 자신과 환경을 바람직하게 바꾸는 놀라운 경험을 증명했다. 뇌와 감정의 관계를 연구하는 유명한 과학자 리차드 데이비드슨은 티베트 승려들이 보여주는 비범한 정신력의 작용에 대하여 신경과학적 연구를 실시했다. 데이비드슨은 좌측 상전두회가 긍정적인 감정을 관장한다는 사실을 알아냈다. 그리고 30년 이상 매일 여러 시간 명상을 해 온 승려가 평온한 상태에서 명상을 시작하자 좌측 상전두회의 감마파가 놀랍도록 증가하는 사실을 연구로 증명했다. 이 밖에도 거의 200명에 달하는 피험자를 실험한 결과 마음이 행복할 때, 기분 좋은 일이나 성공 또는 즐거운 일을 떠올릴 때, 미래의 일을 기대할 때 왼쪽 전전두엽에서 감마파가 증가하는 사실을 확인했다.

이와 관련하여 흥미로운 점은 불교 명상에서 정의하는 일곱 가지 행복의 감정이다.

즐거움.
성과에 대한 자부심과 기쁨.
홀가분한 기분.
흥분.
놀람.
모든 감각적 쾌락.
마음의 평온.

데이비드슨은 또한 반대쪽 우측 뇌 부위가 슬픔, 불안, 걱정, 분노, 공격성 같은 부정적인 감정을 관장하는 중심이라는 놀라운 사실을 발견했다.

따라서 사람은 스스로 자신의 기분에 어느 정도 영향을 미칠 수 있다. 단지 아름다운 영화를 보거나 이웃과 다정한 대화를 나누어도 괴로운 근심에서 벗어날 수 있다. 이것은 모든 사람이 아는 사실이다.

전문지 〈호르몬과 행동〉에 따르면 미시건 대학의 앤아버 심리 연구 팀은 영화가 사람의 감정에 얼마나 큰 영향을 미치는지 과학적으로 증명했다. 피험자들은 세 그룹으로 나뉘어 감상적인 사랑 이야기 〈메디슨 카운티의 다리〉와 마피아 혈전 〈대부II〉, 아마존 우림에 대한 다큐멘터리 영화를 30분씩 보았다. 다큐멘터리 영화를 본 그룹의 호르몬 농도에는 변화가 거의 없었다. 이와 반대로 감상적인 작품을 보던 그룹의 여성 호르몬 프로게스테론은 여성뿐 아니라 남성에게서도 급격히 증가했다. 남성과 여성 모두 갑작스레 애무와 사랑을 그리워했다. 이 밖에 남성에게서는 공격성에 작용하는 호르몬 테스토스테론의 농도가 떨어졌다. 그러나 마피아 영화를 본 남성은 테스토스테론 농도가 30%까지 증가하고 사랑에 대한 욕구가 감소했으며, 여성은 프로게스테론 수치가 줄고 대부분 불쾌한 기분을 느꼈다. 만약 영화가 이러한 감정의 변화를 일으

킨다면, 노래와 그림, 친구와 나누는 대화, 증오에 차서 하는 말 등
도 우리의 뇌와 마음에 큰 영향을 미치는 것은 분명한 사실이다.

데이비드슨의 실험에 참여한 승려는 불교 승려들의 오랜 경험
을 입증해 주었다. 그것은 '모든 피조물에 대해 명상하는' 사람이
실제로는 그 이득을 직접적으로 얻는 사람이라는 사실이다. 긍정
적인 감정에 완전히 집중하여서 명상하는 사람은 사람과 동식물의
사랑을 받고, 깊은 잠을 자고, 아름다운 꿈을 경험할 뿐 아니라 마
음이 언제나 즐겁다고 불교의 옛 현자들이 기록했다. 사랑에는 사
랑으로 답하고, 미움에는 미움으로 답하는 것이다.

12년 전까지도 저명한 신경학자들은 갓난아이의 뇌에 이미 모
든 신경이 있으며, 기본적인 물질에 더는 영향을 끼칠 수 없다고 확
신했다. 하지만 그 사이 새로운 인식이 이 가정을 앞질렀다. 뇌는
삶의 새로운 경험으로 끊임없이 변한다. 이것은 인생을 살아가며
얼굴이 자꾸 변하는 것과 같다. 변화에는 앨범 속 사진에서도 보듯
이 좋은 변화도 있고, 나쁜 변화도 있다. 뇌에는 예를 들어서 글을
쓰는 작가나 뛰어난 운동선수의 반복적인 연습을 관장하는 부위가
있다. 우리는 자기공명단층촬영(MRI)을 통하여 그 부위의 변화를
분명히 관찰할 수 있다. 전문가가 자기 분야에서 집중적으로 훈련

하면 할수록 변화는 더 커진다. 수련생은 쉬지 않고 노력하여 언젠가 대가가 되고, 내면화한 진정한 노련함은 전인격을 발산한다.

행복하게 사는 능력은 모든 사람에게 있다. 체계적인 정신 훈련을 통하여 그 능력을 확고히 만들 수 있다. 음악가가 자신의 예술적 역량을 높은 수준으로 유지하기 위하여 끊임없이 연습해야 하듯이, 내면의 조화를 이루려는 사람은 쉬지 않고 노력해야 한다. 내가 베스트팔렌 쾨니히스뮌스터 수도원의 오르간 연주자에게 매일 다섯 시간씩 연주하는 단조로운 일이 지루하지 않느냐고 묻자 그는 이렇게 대답했다. "그것은 저를 치료하는 약이에요." 이렇게 그는 자신의 행복을 지키고 있었다.

많은 사람들에게는 규칙적으로 요가 수련을 하거나 두 시간 동안 정원을 가꾸는 일, 매일 저녁 공원에서 조깅을 하거나 생각을 집중해 일기를 쓰는 일이 행복의 원천이 된다. 달라이 라마는 이렇게 말했다.

"사람은 정신훈련을 통하여 더 의연해질 수 있다. 인생의 굴곡으로 고통당하는 사람은 특히 그렇다."

모든 속박을 벗으라

그리스 철학자 아리스토텔레스는 행복이란 사람이 발전하는 것이라고 생각했다. 아리스토텔레스는 중용에 대한 가르침에서 이를 자세히 설명했다. 중용이란 이웃에 대한 사랑이나 용기, 우의 혹은 현명한 자가 매일 얻고자 노력하는 진실 같은 덕목이 균형을 이루어야 한다는 것이다. 아리스토텔레스는 삶을 살면서 이러한 중용을 얻은 옛 현인들을 본으로 삼으면 덕의 조화를 이룰 수 있다고 생각했다.

지금 이것은 아주 중요한 생각이다. 사람은 설교가 아니라 본으로 바르게 인도되어야 한다. 정치, 경제, 문화를 이끄는 사람들에 대한 신뢰는 점점 떨어진다. 이들은 아무런 거리낌 없이 도덕적 가치를 짓밟으면서도 겉으로는 설교를 늘어놓고 자신을 칭송한다. 이러한 시대에는 상층부 사람들의 이중도덕 때문에 이성적 삶에 대한 믿음이 완전히 파괴된다.

옛날 중국, 미국, 독일, 고대 그리스의 철학자와 현자들은 모두 한 가지 점에서 의견이 일치한다. 도덕적으로 행동하는 사람은 선(善)을 증가시키며, 이기심을 극복하는 사람은 도덕적으로 행동하는 사람이다. 이기심을 극복하는 것은 자신의 파괴적 생각과 행동을 줄이고 최소화하는 것을 뜻한다.

그러나 겉으로 보이는 성공과 권력, 돈에 대한 탐욕과 명예에 사로잡힌 세상에서 아리스토텔레스가 말하는 청렴한 사람이 존재할까? 확실히 존재한다. 하지만 그를 어떻게 찾아낼 수 있을까? 특히 우리가 사는 시대에서.

부처는 말했다.

"나는 너희에게 길을 보여 주었다. 이제는 너희가 그 길을 걸을 차례다."

티베트의 문화, 남아메리카 아마존의 인디언 샤먼, 몽골의 씨족 점쟁이가 있는 곳은 수백 년 동안 지혜의 전통을 이어왔다. 그들은 과거의 생활, 말과 행동 교육으로 지식과 사회적인 교제 방법을 가르치고, 모범적인 삶을 통하여 영적인 삶의 지혜를 가르친다.

빠른 성공을 목표로하는 서구 선진국에서는 인생의 지혜를 가르치는 진정한 스승이 드물다. 자칭 스승이라는 사람은 인간의 정신을 다루는 마음 시장에서 자신을 상품화하여 영혼이 목마른 사람들의 주머니에서 교활하게 돈을 빼내는 수완 좋은 사업가로 밝혀질 때가 많다. 이런 사회에서는 사람을 조종하는 규격화된 틀을 벗어나기가 어렵다.

사람을 길들이는 일은 태어나는 순간부터 시작되고, 인생은 이 속에서 형성된 사고의 틀로 결정이 된다. 부모, 학교, 대중매체, 환경은 사람이 어떻게 살아야 하는지 설교한다. 항상 우리 자신과 친구, 이웃과 낯선 사람을 판단하라고 가르친다. 사회의 행동규범에 적응하지 못할지 모른다는 불안은 사고의 발달을 방해한다. 우리는 다르게 기도하는 사람, 다르게 옷을 입고 다르게 살거나 다른 음식을 만드는 사람, 다르게 말하는 사람, 우리의 교육체계에 수용되지 않은 사람은 의심쩍다고 배웠다. 그는 낮은 문화에 속하는 사람이다. 규범에 어긋나게 행동하는 사람도 수상하다. 모든 사회에는 실권을 쥐고 백성을 조종하는 보이지 않는 힘이 영향력을 행사하기 때문이다.

이러한 힘이 옛날에는 귀족과 교회에 있었지만 오늘날에는 다국적 기업의 최고경영자에게 있다. 재벌의 최고경영자는 국민이 선택한 정부에 종속하지 않는 지구의 진짜 권력자로서 국가의 부와 미래를 결정하고, 여론을 형성하고, 교육체계를 세운다. 그들은 또 학교에서 어떤 학설을 가르치고 어떤 정보가 어떤 형태로 대중에게 영향을 끼쳐야 하는지 결정한다.

우리는 어릴 때부터 일률적 사고를 하게 된다. 끊임없는 속박을 인식할 수 없을 정도다. 우리의 생활은 작은 일까지 규제와 감시를 받는다. 법, 규정, 행동 모범, 유행, 예절. 이 가운데 많은 것은 합리적인 인간관계에 쓸모가 있지만, 규범화 때문에 개인에게는 자신의 생각과 인생관을 발전시킬 여지가 거의 없게 된다. 모든 곳에는 눈에 보이지 않는 권위의 위협이 있다. "너는 하면 안 돼. 할 수 없어." 그래서 이 시대 사람들은 대부분 도망칠 생각을 한다.

비좁은 정신과 감금된 마음에서 벗어나기를 바란다. 그렇지만 어디로 갈 것인가? 많은 사람은 이국에서 짧은 휴가를 보내며 자유를 얻으려고 노력하고, 다른 사람들은 돈을 쓰고 술이나 마약에 빠져서 영혼의 허기를 달랜다. 그러나 아무리 먼 곳으로 여행을 떠나도, 아무리 환각에 빠져 현실을 망각해도 속박은 따라온다. 우리는 보이지 않는 감정의 끈으로 제도에 묶여 있다. 자신을 진정 해방하고 싶은 사람은 집단 통제의 짐에서 자유를 꺼내야 한다.

우리는 옛 중국 도교의 가르침인 무위(無爲)에서 강제적 속박에서 자유로워지는 간단한 방법을 기대할 수 있다. 무위란 행하지 않음이다. 성공하기 위하여 모질게 싸우지 않고, 노력에 대한 대가를 바라지 않으며, 믿음으로 순리를 따르는 사람에게는 도의 힘이 미친다. 이는 세상의 보편적인 지혜의 흐름에 몸을 내맡기는 것을 뜻한다. 이 흐름에는 모든 존재가 스스로 순응한다. 이렇게 완벽한 이완 상태에서는 누구나 본능에 따라 올바르게 행동한다. 이러한 깨달음을 따라서 사는 사람은 마음을 거스르는 행동을 결코 하지 않는다.

선불교의 승려 도겐은 이 가르침의 중요한 내용을 간략히 설명한다.

"악한 일을 행하지 마라. 삶과 죽음에 집착하지 마라. 살아있는 모든 것을 측은히 여기라. 너보다 뛰어난 것을 존경하라. 너보다 낮은 자에게 자비를 베풀어라. 미워하지 마라. 요구하지 마라. 마음이 집착하는 것을 모두 버려라. 하찮은 사람의 죽음을 애도하라. 그리하면 네가 부처가 되리라. 다른 어느 곳도 아닌 네 안에서 부처를 찾아라."

이 원칙을 명심하는 사람은 별 걱정 없이 살 것이다. 기독교 전통으로 옮겨 말한다면, 평안한 마음으로 신을 온전히 믿으며 현재를 살고, 과거도 미래도 생각하지 않는 것을 의미한다. 누구나 이러한 상황을 알 것이다. 비록 짧은 순간이긴 하지만 누구나 그것을 경험하기 때문이다. 예를 들어 사랑을 하거나 자연을 체험하고 자신이 관심 있는 일에 몰두하는 순간이다. 이러한 순간에는 목표와 동기에서 자유롭다. 그러므로 무위사상에 따르면, 평안히 지금을 살며 이득과 손실을 헤아리는 생각과 물질을 버리는 자세가 필요하다.

마음의 소리에 귀 기울이는 사람은 자신에게 좋은 것을 안다. 그런데 대부분 사람들은 자신의 마음과 어긋나게 행동한다. 부모나 스승, 상사의 권위가 내면화하여 사람을 다그치고, 탐욕이 사람에게 나쁜 일을 하라고 재촉하기 때문이다. 권력에 기대지 않으면 거절당하거나 벌을 받을지 모른다는 불안이 우리 마음속 깊이 뿌리를 내린다. 이러한 속박은 그 사람이 세상에 더는 존재하지 않는 순간까지 지속될 수 있다. 모차르트는 권위자의 요구를 만족시키기 위하여 평생 노력하며 괴로워했다.

사실 우리는 아동기와 소년기에 우리에게 영향을 미친 권위에서 벗어나기 위하여 싸운다. 그러나 우리가 나쁘다고 생각하는 이 권위를 도저히 떨쳐버릴 수가 없다. 권위는 꿈속까지 우리를 뒤쫓는다. 정신분석을 창시한 프로이트는 자서전에서 이렇게 썼다.

"내가 일곱, 여덟 살이었을 때 아버지는 내가 있는 자리에서 어느 지인에게 말했다. '이 녀석은 변변한 사람이 되지 못할 걸세.' 아버지의 말은 내 마음 깊은 곳에 상처를 남겼다. 어른이 되어서도 나는 아버지가 지나가며 한 말을 생각했다. 그것은 내 명예에 상처를 입힌 큰 모욕이었던 것 같다. 나는 이 장면을 암시하는 꿈을 계속 꾸었다. 꿈에서 나는 내가 이룬 성과와 성공을 열거했다. 마치 '보세요. 정말로 무엇을 이루었잖아요.' 하고 말하는 것 같았다."

이것은 인간이 사는 동안 부정적인 권위에서 벗어나지 못한 보기다. 그렇지만 '긍정적' 권위도 삶을 지옥으로 만들 수 있다. 예를 들어서 부모나 존경하는 스승 혹은 본으로 삼은 연장자가 세운 기준을 따르려고 하지만, 절대로 그들의 완벽함과 명성, 성공과 인정, 사람들의 마음을 사로잡는 기술을 배우지 못해서, 아니면 배울 수 없다고 단정 지으며 스트레스를 받는 경우다.

무위사상에 따르면, 권위와 속박에서 자신을 해방하는 첫 단계는 누가, 무엇이 자신을 감정적으로 얽매는지 날카롭게 관찰하는 일이다. 뒤죽박죽된 감정에서 자유로워지기 위하여 종이에 그것들을 적으면 문제의 대부분을 머릿속에서 꺼내 떨쳐버릴 수 있다. 만약 문제가 너무 크다면 문제를 분해하는 것이 좋다. 문제 전체를 잘 파악하고 쉽게 해결할 수 있기 때문이다. 그러므로 '나를 구속하는 것은 무엇인가?' 생각해 보라. 그것이 재산이든 사업파트너 관리든 스트레스가 심한 일이든 종교적 특징이든 가족의 복잡한 관계든 사치하는 생활이든 아니면 인색할 정도로 절약하는 생활이든 간에 이 모든 것을 판단하고 연구해야 한다.

무위사상가들은 생각을 집중하면 감정을 배제한 관찰만으로 변화가 일어난다고 믿는다. 무사고(無思考; Nichtdenken)만으로 자유를 향한 첫 발을 내딛게 된다. 중요한 것은 자신에게 절대적으로 정직할 것과 어느 정도 유쾌한 의연함을 유지하는 것이다.

한 가지 잊지 말아야 할 사실은 현대인을 얽매는 정해진 시간도 지극히 강한 속박이라는 것이다. 이것은 앞 장에서 자세히 살펴본 점이다. 언젠가 베르톨트 브레히트는 재미있는 비유를 들었다.

"모든 사람은 행복을 좇아 달려가고 행복은 사람의 뒤를 쫓아서 달린다."

쉬지 않고 성공을 좇으며 생각이 앞서는 사람은 항상 분주하고 자유가 없다. 생각을 피하는 것은 문제를 해결하지 못하고 더 크게 만든다. 무엇에 너무 집착하면 결국 그것을 잃고 만다. 현재를 사는 사람은 더욱 집중적인 삶을 살고, 가벼움의 기운이 그를 감싼다. 공자의 제자인 염구는 이렇게 말했다.

"밥을 먹을 때는 밥을 먹는다. 물을 마실 때는 물을 마신다. 잠을 잘 때는 잠을 잔다."

현재를 사는 사람은 마음이 편하고, 생각이 명확하고, 지혜가 자라며 더는 미래를 걱정하지 않는다. 반면 많은 사람이 미래에 대한 불안으로 불행하다. 자유롭게 되면 될수록 작은 일에서 느끼는 기쁨은 점점 커진다. 바로 이 점이 중요하다. "무엇을 아는 자는 그것을 사랑하는 자에 미치지 못하고, 그것을 사랑하는 자는 그것을 즐기는 자에 미치지 못한다." 공자의 말이다.

불교 팔리문헌에는 믿음, 희망, 자신감, 정신력, 지혜, 신중 같은 유익하고 건설적인 감정 25가지가 전해진다. 이 감정들은 사람의 네 가지 긍정적인 힘, 바로 사랑과 마음의 평정, 공감과 기쁨이 발전하는 데에 중요한 역할을 한다. 이 힘의 균형을 이루는 사람은 참으로 지혜롭고, 만족하며 행복한 사람이다. 또한 마음은 유쾌하고 그의 주변에 있는 모든 것은 가벼워지며 자유로워진다.

서구인은 불교적 인생의 지혜에서 중요한 의미를 차지하는 '신중'의 개념을 잘 이해하기가 어렵다. 신중함은 '파괴적 감정을 막는 요새'로 간주된다. 부처는 삶과 죽음을 비유하며 신중의 뜻을 설명한다.

"사람들의 탄성을 자아내게 하는 무희가 있었다. 어느 마을에 그 무희가 오자 사람들은 모두 모여들었다. 이때 죄인 하나가 기름이 가득한 그릇을 들고 마을을 지나가고, 그 뒤에는 긴 칼을 든 병사가 따라가고 있었다. 만일 죄인이 기름을 한 방울이라도 떨어뜨리면 병사가 죄인의 목을 칼로 베게끔 되어 있었다. 그래서 죄인은 그릇이 흔들리지 않도록 온 정신을 집중했다."

여기서 부처는 이야기를 잠시 중단하고 묻는다.

"너희는 죄인이 춤추는 여자에게 시선을 던지거나 열광하는 사람들을 알아보기 위하여 기름 그릇에서 눈을 떼지 않을 정도로 신중할 수 있었다고 믿느냐? 아니면 흥분한 사람들 때문에 기름을 쏟았겠느냐?"

이로써 여기서 말하는 신중의 뜻은 분명해진다. 부처는 그림을 보거나 소리를 듣는 순간, 혹은 사물과 접촉하는 순간에 정확히 생각하고 깨어서 인식하라고 가르친다. 수행자는 그림이 예쁜지

예쁘지 않은지, 음악의 화음이 조화로운지 조화롭지 않은지, 사물이 우리의 마음을 사로잡는지 사로잡지 않는지 판단하면 안 된다. 신중한 사람은 정신이 흔들리지 않고, 판단을 내리지 않는다. 그럼으로써 사람에게 해가 될 수 있는 파괴적 감정이 영혼에 파고들지 않는다.

그 다음 단계는 신중을 관찰하는 자세다. 여기서 사람은 자신의 정신을 주의 깊게 관찰하면서 자신의 의식이 긍정적인지 부정적인지, 혹은 부정적 생각의 지배를 받는지 여부를 인식한다. 이로써 수행자는 부정적 사고와 감정을 버릴 수 있고, 정신은 안정되고 마음은 평안하며, 이러한 평안은 다른 사람들에게 긍정적으로 전해진다.

우리는 모두 이러한 경험을 한 적이 있다. 어지러운 생각과 폭발하는 감정에 휩싸인 사람들 가운데 오직 한 사람만 냉정을 잃지 않아도 주위 사람들은 곧 마음의 안정을 회복할 수 있다. 신중함을 자신의 기질로 만드는 사람은 기분이 유쾌하고 마음이 가벼워진다. 현재를 살고, 불안과 걱정에서 벗어나 상상하지 못한 힘을 발휘할 수 있다.

비움 ⑫
—에픽테토스

그리스 철학자들 중 성공과 소유를 좇으며 겉으로 보이는 것을 중시하는 것이 이익보다 해가 된다는 생각을 처음으로 한 사람들이 있다. 이들은 아테네 건물의 스토아 (기둥이 늘어선 복도)에서 학생들을 가르쳤기 때문에 '스토아 학파' 라고 불렸다. 플라톤, 소크라테스, 에피쿠로스와 다른 철학자 대부분은 인간이 자유롭고, 인간에게 모든 가능성이 열려 있으며, 인간이 삶을 스스로 만들어 갈 수 있다고 생각했다. 반면, 스토아 철학자들의 생각은 달랐다. 스토아 철학자들은 인간에게는 어쩌면 자유가 없는지 모른다고 생각했다. 스토아 사상에 따르면 인간의 몸은 우주의 일부이고, 인간의 영혼은 거룩한 세계영혼의 일부다.

그러므로 사람은 '자신의 천성을 따라서' 살기만 하면 된다. 타고난 능력으로 가치 있는 일을 해야 한다. 영화 〈포레스트 검프〉의 주인공처럼 하면 된다. 지능이 낮은 포레스트는 능력주의 사회에서 아무런 기회를 잡을 수 없지만, 자신의 작은 재능을 아주 훌륭히 활용한다. 그는 꿈을 꾸며 돌아다니는 사람과 같이 무의식적으로 스토아 철학자들의 인생 철학을 따르기 때문이다. "자립하라! 다른 사람에게서 아무것도 바라지 말고 스스로 일어서라!"

포레스트는 자신의 능력만으로 일을 해낸다. 아무 걱정도 하지 않고 자기 천성에 맞게 살아간다. 물론 말하기는 쉽다. 그렇지만 이러한 원칙에 따라서 사는 법을 배워야 한다. 양보 없이 의식적으로 그 원칙을 따른 사람 가운데 하나가 에픽테토스다. 스토아 철학의 본이 될 정도로 에픽테토스의 삶은 대단하다.

어린 에픽테토스는 네로 황제의 친위대 장교에게 노예로 팔린 뒤, 소아시아에서 로마로 오게 되었다. 비록 어린 시절과 가족과 자유를 빼앗겼지만, 에픽테토스는 자신의 운명을 영웅적인 의연함으로 견딜 수 있었다. 어느 날 그는 그리스의 유명한 철학자 제논 Zenon과 그의 추종자들을 우연히 알게 되었다. 어린 에픽테토스는 스토아 철학자들의 기본 생각을 정확히 이해하자 곧바로 자신의 새로운 깨달음을 실행하기 시작했다. 이는 노예의 굴레를 벗고 자유로 가는 마음의 길이었다.

어느 날 주인이 에픽테토스의 허벅지를 심하게 때렸을 때, 그는 고통의 비명을 삼키며 조용히 말했다.

"제 다리가 완전히 부서지겠어요."

주인은 노예의 참을성에 화가 나서 다리를 더 세게 때리고 결국 허벅지 뼈를 부러뜨렸다. 그러자 그는 다시 말했다.

"제가 이렇게 될 거라고 말했지요?"

후에 에픽테토스는 굽히지 않은 태도 때문에 감옥에 투옥당하고 고문을 받았다. 주인은 불구자가 된 에픽테토스가 감옥에서 나오자 자유인으로 풀어 주었다. 불구인 노예는 쓸모가 없기 때문이었다. 에픽테토스는 계속 '천성에 맞게' 살며 자신의 힘든 운명을 불평하지 않았다. 오히려 그 반대였다.

그는 이제 로마의 거리에서 도덕적 지혜를 떠들며 한가한 사람들을 즐겁게 해 주었다. 이 해방된 노예는 생동감 있게 이야기를 해서 많은 사람들의 인기를 끌었다. 가난한 사람이든 부유한 사람이든, 유식한 사람이든 무식한 사람이든, 사람들은 모두 그의 이야기에 매료되어 귀를 기울였다. 에픽테토스는 모든 사람이 이해할 수 있도록 명쾌히 설명했다.

"제우스가 너희에게 뭐라고 말하는가? 제우스는 이렇게 말한다. 너희의 육체는 너희의 것이 아니라 단지 점토로 된 정교한 혼합물이다. 나는 너희에게 우리 신성의 일부를 주었다. 우리의 불꽃을, 행동할 힘과 행동하지 않을 힘을, 무엇을 얻으려는 의지와 피하려는 의지를 주었다. 만약 내 말에 귀 기울인다면 고통당하지 않을 것이다. 다른 사람을 비난하지도 않고, 다른 사람에게 아첨하지도 않을 것이다."

어느 제자가 물었다.

"자신의 천성과 맞는 것이 무엇인지 어떻게 알 수 있습니까?"

에픽테토스는 대답했다.

"사자의 습격을 받는 황소가 자신에게 어떤 힘이 있는지 어떻게 아는가? 황소와 마찬가지로 천성이 고귀한 사람도 처음부터 고귀한 것이 아니다. 겨울 내내 연습하며 준비해야 하고, 자신과 관계가 없는 일에 경솔히 엄두를 내면 안 된다."

이는 자신의 능력 밖의 일은 하지 말며 감당할 짐이 무엇인지 고려하라는 뜻이다.

에픽테토스의 말을 듣던 사람이 질문했다.

"가진 것이 아무것도 없는 사람, 입을 옷도 먹을 양식도 잠잘 자리도 없는 사람, 더러움 속에서 나라 없이 사는 사람이 어떻게 평온을 누리며 살 수 있습니까?"

에픽테토스는 대답했다.

"나를 보시오. 나에게는 집도 재산도 없소. 나는 맨땅에 누워 잠을 자오. 내가 가진 것은 오직 땅과 하늘과 초라한 겉옷뿐이오. 그렇지만 나에게 부족한 것이 무엇이오? 누가 내 슬픈 얼굴을 본 적이 있소? 당신들이 두려워하고 존경하는 사람들을 내가 어떻게 상대하오? 그들은 마치 내가 왕이나 주인이 되는 것처럼 자리를 비키지 않소?"

정말로 에픽테토스는 어느 누구 앞에서도 고개를 숙인 적이 없다. 왕이 그에게 사형선고를 내리겠다고 협박했을 때에도 그는 절대로 허리를 굽히지 않았다. 에픽테토스의 태연함에 화가 난 도미티아누스 황제는 그를 로마에서 추방했다. 에픽테토스는 기원후 138년 그리스 북부 니코폴리스에서 88살 나이로 세상을 떠났다. 그가 남긴 유명한 잠언은 제자 아리아누스가 모아 정리했다.

긍정을 선택하라

움직이지 않는 것을 관찰하는 일은 주의 깊음의 한 면이다. 그리고 우리의 정신이 주위에 영향을 미치는 것을 깊이 관찰하는 일은 신중함의 다른 한 면이다. 우리의 정신은 말의 힘으로 작용한다. 말은 우리의 가장 깊은 본질을 드러내고, 우리가 누구의 정신적 자녀인지를 나타내며, 무엇을 정확히 이해하게 할 수도, 혼돈을 일으킬 수도 있다.

말은 우리의 주위를 항상 — 매일매일 시시각각 — 맴돌기 때문에 눈에 잘 띄지 않는다. 그러나 말은 소리나 글자 이상이다. 완전한 마술이다. 요한복음은 굉장한 문장으로 시작된다.

"태초에 말씀이 계시니라. 이 말씀이 하나님과 함께 계셨으니

이 말씀은 곧 하나님이시라."

인간과 동물을 구분하는 가장 큰 차이는 언어다. 우리는 말로 느낌과 감정을 표현하고, 아주 오랜 지식을 전할 수 있으며, 기록으로 남아 있다면 사라진 문화를 해독할 수도 있다. 또한 말로 대화하고 노래하며, 지식을 교환하고 예술을 창조할 수 있다. 말은 인간관계를 위한 법의 기초를 세운다. 누구에게나 구속력이 있는 법은 말에 근거한 놀라운 작품이다. 법은 권력자 위에 서 있다. 만약 권력자가 법을 어기면 그는 (또는 그의 후계자는) 언젠가 자신의 행동에 대한 책임을 져야 한다. 법을 어긴 사람은 자신의 범행 때문에 재판관 앞에 서든지, 아니면 양심에 가책을 느낀다. 이는 말이 있어서 가능한 일이다.

말이 있어서 우리는 비행기를 타고서 먼 나라로 날아갈 수 있다. 약속을 정하고, 인터넷을 통하여 수천 킬로미터 떨어져 있는 사람과 대화할 수 있다. 낯선 언어를 배우거나 제3의 말로 서로 다른 문화의 사람들이 의사소통을 할 수 있다. 말은 인간이 가진 가장 큰 도구다. 다정한 말은 두 사람 사이를 화목하게 만들고, 나쁜 말은 인류를 파멸로 몰아넣을 수 있다.

독일 빌헬름 황제는 오스트리아가 세르비아와 전쟁을 일으키도록 부추기고, 이로써 제1차 세계대전을 일으켰다. 그리고 영국, 프랑스, 러시아에 선전포고를 한 뒤 비로소 자신이 저지른 일이 무엇인지 깨달았다. "내가 무슨 짓을 한 거지?" 그러나 때는 이미 늦었다. 거대한 전쟁무기는 그의 말 한 마디에 움직이기 시작했고, 인간의 역사에서 처음으로 전쟁을 산업화했다. 지구의 많은 곳이 화염에 휩싸이고, 수백만 명의 사람이 목숨을 잃었다. 이것은 유럽의 지도와 사회구조에 지속적인 변화를 불러왔다. 빌헬름 황제가 호전적인 연설을 할 때마다 교양 있는 사람들은 황제가 무력으로 위협한다고 태평히 웃으면서 말했다. 그것을 불장난이라고 깨달은 사람은 당시 거의 없었다. 오페라를 좋아하던 황제는 말을 조심하지 않았다. 말은 황제의 입에서 갑자기 튀어나와 악마같은 마술을 부리기 시작했다.

앞서 소개한 지그문트 프로이트의 아버지 이야기도 말이 얼마나 깊이 마음에 파고들어 상처를 입히고 지워지지 않는 흔적을 남기는지 보여 준다. 아버지의 부정적인 말은 프로이트를 평생 힘들게 했다. 어른의 부정적이고 경멸하는 말은 어린 아이의 마음을 벼랑으로 밀어버릴 수 있다. 우리는 어렸을 때부터 부패에 물들어 있다. 부패는 무엇을 얻기 위하여 정당하지 못한 행위를 하는 것을 의미한다. 아이는 착하게 행동해야 한다. 그렇지 않으면 어머니가 사랑을 주지 않고 벌을 내리거나, 아버지가 매를 때리기 때문이다. 벌을 받지 않기 위하여 이미 어릴 때부터 거짓말하는 법을 배운다. 아이는 거짓말을 배워서 익히고 계략이 들통 나면 벌을 받는다. 그래서 더 교묘하고 신중한 거짓말을 하면서 커간다. 그리고 거짓말은 제2의 본성이 된다. 상황이 어려워지면 속임수를 쓴다. 또한 거짓말이 습관이 된 사람은 다른 사람을 신뢰하지 않는다. 다른 사람도 모두 거짓말쟁이라고 생각하기 때문이다. 거짓말은 이렇게 열린 인간관계를 해치고 심지어 친구 사이와 친척 사이에도 해로움을 끼칠 수 있다.

드 라 로쉬푸코는 마음을 사로잡는 명언을 남겼다.

"친구를 불신하는 것은 친구에게 속임을 당하는 것보다 더 큰 죄다."

그러나 이는 단지 죄가 될 뿐 아니라 의심하는 사람에게도 큰 해를 끼친다. 신뢰하는 능력을 잃어버린 사람은 마음이 결코 평안할 수 없으며, 기쁨 없이 사는 불쌍한 인간이다. 사랑은 사랑을 부르고, 불신은 불신을 부르며, 미움은 미움을 부르고, 기쁨은 기쁨을 부른다. 말의 진실을 악용하는 사람은 자신의 영혼을 스스로 해친다. 거짓말은 자신에 대한 무력함이다. 진실은 영혼을 강하게 하고, 우리를 자유롭게 한다. 우리가 항상 거짓을 말하는 이유는 부패뿐 아니라 근본악인 탐욕, 교만과 관계가 있다. 우리는 다른 사람에게 실제 모습보다 더 잘 보이려고 거짓말을 하고, 거짓말로 경제적 이득을 얻으려고 한다. 이 나쁜 습관에는 작은 거짓말부터 반쯤 진실, 계약 위반, 심지어 거짓 맹세가 들어간다. 간단히 말해서 우리는 다른 사람의 존경을 받으며 부유해지기 위하여 거짓말을 하는 것이다.

거짓과 반쯤 진실뿐 아니라 쓸데없는 말도 성격에 해가 된다. 우리는 그것으로 우리와 함께 사는 사람들을 조롱하고 비방한다. 대중매체의 대부분은 다른 사람을 모욕하는 데 중독돼 있다. 많은 사람이 이 부정적인 힘을 즐거워하는 이유는 무엇일까? 그것은 자신이 다른 사람보다 우월하다고 느끼기 때문이다. 다른 사람을 깎아내리는 험담은 무서운 전염병이 된다. 그 속에서 각고의 노력과 정직은 힘을 잃는다. 쓸데없는 말은 인신공격의 동생뻘로서 소수 민족에 대한 적대감, 질시, 배신 따위의 터전을 마련한다. 다정한 인간관계를 파괴하고, 좋은 친구를 보기 싫은 위선자로 만들어 버린다. 쓸데없는 말은 때로 거짓말보다 더 나쁘다. 호의와 악의 없는 농담의 가면을 쓰고 나타날 때가 많기 때문이다.

언제나 비판하려는 기질은 자신의 영혼에 해롭다. 다른 사람들의 성과를 기뻐하며 인정하지 않으려는 나쁜 버릇으로 굳어지기 때문이다. 상연중인 작품에 호평을 하는 연극평론가가 있을까? 수입이 안정된 선생들은 마치 자신이 만물박사인 양 몇 자 갈겨써서 문화의 창조자가 수 년 간 쏟은 노력과 온몸을 내던진 헌신을 폄훼한다. 횔덜린으로부터 반 고흐, 쇤베르크에 이르기까지 많은 예술작품이 천재성을 인정받지 못했듯이 어쩌면 평론가는 새로운 성질을 이해하지 못하는 부류일지도 모른다.

신중하지 않은 말은 큰 고통을 부르지만 말이 있으므로 행복한 시간도 보낼 수 있다. 사랑을 처음 고백하는 두 연인의 마음에는 어떤 행복이 가득할까? 성탄절에 〈고요한 밤, 거룩한 밤〉을 부르며 기분이 나쁜 사람이 있을까? 나치 강제수용소의 수감자들은 차가운 바람이 부는 겨울 밤 오랜 시간 정렬해 서서 시를 한 마디 한 마디 서로 속삭여 주었다. 이렇게 이어지는 힘은 수감자들에게 큰 위로가 되었다. 악의, 고문, 파괴 속에서 많은 사람은 따뜻한 말의 힘으로 생명을 보존했다.

2004년 8월 디르크 치사시는 독일 비텐 헤르데케 대학 동료들과 함께 〈미국 생리학회〉 지에 문학작품과 건강에 관한 연구논문을 실었다. 학자들은 사람들이 호메로스의 6보격 《오디세이》를 큰 소리로 읽으면 '호흡 진동이 느려지는' 사실을 발견했다. 이로써 심장 박동과 호흡은 동시에 일어나고 맥박은 규칙적으로 뛴다. "6보격은 몸이 자신에게 좋은 리듬을 찾아내도록 도움을 주는 것 같다. 이를 통하여 폐는 느리게 숨을 쉬고 혈압은 떨어진다." 시도해 보고 싶은 사람을 위해 원문 첫 문장의 발음과 뜻을 여기 적는다.

뮤즈여, 내게 노래해 주오. 이곳저곳을 떠다닌 사나이의 행적을…. (Andra moi énnepe, Musa, polýtropon, hós máal pollá…)

시를 읊는 것보다 몸과 정신에 더 좋은 것은 노래 부르기다. 어느 연구에서는 노래를 많이 부르면 면역체계가 강해지는 사실을 증명했다. 노래를 많이 부르는 사람은 마음이 가볍고 즐겁다. 노래하는 사람의 몸과 정신과 영혼에 기분 좋은 느낌이 일어나도록 노랫말과 선율이 긍정적인 힘을 깨우기 때문이다. 이런 말이 있다. "사람들이 노래하는 곳에는 편히 머물러도 좋다. 악의 있는 사람들에게는 노래가 없기 때문이다."

주관을 세워라

디오게네스는 무욕사상가로 잘 알려진 철학자다. 인생의 참 행복이 덕행에 있다고 생각한 디오게네스는 아테네의 거리 모퉁이에서 악덕과 악습을 비판하는 우스꽝스러운 설교를 했다. 우스꽝스럽게 설교한 이유는 도덕적 훈계를 유머로 포장할 때 효과가 가장 크다고 생각했기 때문이었다. 디오게네스는 무욕을 실천하고 구걸하며 살았다. 그리고 이는 자신이 준 것을 다시 요구하는 것이라고 주장했다.

디오게네스는 가끔 아테네의 석상에게 구걸을 하여 시민들을 어리둥절하게 했다. 사람들이 아무것도 줄 수 없는 석상에게 구걸하는 이유를 묻자 디오게네스는 웃으며 이렇게 대답했다.

"아무것도 받지 않는 것을 연습하고 있소."

어느 날 디오게네스는 환한 대낮에 등을 들고 아테네의 시장을 가로질렀다. 사람들은 디오게네스에게 햇볕이 쨍쨍 내리쬐는 곳에서 등을 든 채 무엇을 찾는지 물었다. 디오게네스는 말했다.

"정직한 자를 찾고 있소."

세상에서 가장 아름다운 것이 무엇이냐는 질문에 디오게네스는 솔직한 말이 가장 아름답다고 대답했다. 그리고 해적에게 납치를 당하여 코린트 사람 크세니아데스에게 팔려 갔을 때에는 자신의 불행을 의연히 받아들였다. 새 주인이 어떤 일을 잘 하느냐고 묻자 디오게네스는 대답했다.

"사람을 지배하는 것이오."

그러자 크세니아데스는 디오게네스에게 자신의 아이들을 교육하도록 시켰다. 이 일이 매우 마음에 든 디오게네스는 자신을 따르는 아테네 사람들이 몸값을 치르고 자유롭게 해 주려고 하자 이를 거절했다.

아리스토텔레스는 이를 비꼬며, 떠돌이 개처럼 사는 디오게네스에게 '키온(kyon; 개)'이라는 재미있는 별명을 지어 주었다. 그리고 그와 생각이 비슷한 철학자들에게도 모두 이 이름이 붙었다.

오늘날까지도 이들은 키니코스Cynicos 학파로 불린다. 하지만 디오게네스는 자신을 '세계시민(코스모폴리테스kosmopolites)'이라고 불렀다. 오늘날에도 독립한 정신의 소유자를 이렇게 일컫는다.

알렉산더 대왕이 이 유명한 철학자를 찾아가 자신을 위하여 무슨 일을 해 줄 수 있는지 묻자 디오게네스는 이렇게 대답했다.

"햇빛을 가리지 말고 비켜 주시오."

왕은 대답했다.

"만일 내가 알렉산더가 아니라면 그대이고 싶소."

디오게네스는 소유가 짐이라고 깨달은 최초의 서양인이다. 그는 신전 앞뜰에 있는 통 속에서 살았다. 고향이 없는 것을 상징하는 지팡이를 들고서 맨발로 다녔다. 털이 덥수룩이 난 얼굴로 전 재산이 담긴 자루를 어깨에 메고, 마른 몸에 찢어진 겉옷을 둘러 입었다. 소크라테스는 지나치게 시민답지 않은 디오게네스의 차림을 조롱했다. "자네의 허영심이 구멍 밖을 내다보네." 그러나 디오게네스는 이를 전혀 개의하지 않았다. 참으로 자유로운 사람은 무엇에도 종속되지 않는다고 생각했기 때문이다. 다른 사람의 말이나 죽음에 대한 두려움에도.

바로 이 점이다. 다른 사람의 말에서 자유로운 것이다. 다른 사람의 말을 마음에 담아두는 사람은 정말로 불쌍하다. 다른 사람이 누구에 대하여 어떻게 생각하는지, 어떻게 살고, 어떻게 행동하는지는 자신과 관계가 없다. 다른 사람의 말을 적절히 소화할 수 있는 사람은 자신의 문제를 훌륭히 극복할 수 있다. 물론 이것은 말하기보다 실천하기가 어렵다. 지그문트 프로이트에게 상처를 입힌 아버지의 말을 다시 한 번 생각해 보라. 이러한 경우에서 우리는 다른 사람 생각의 노리갯감이 된다.

사람들은 자신의 세계관, 예술에 대한 이해, 전통의 규범을 우리에게 옮기려고 한다. 예를 들어 여자 아이가 팔에 문신을 새긴다면 아마도 이러한 것을 좋아하는 아이의 친구들은 열광하고, 부모는 마지못해 허락하고, 좋은 집안의 조부모는 경악할 것이다.

글을 쓰는 작가들도 마찬가지다. 출판사는 하인리히 폰 클라이스트의 불멸의 작품이나 횔덜린의 위대한 찬가처럼 세계사에서 매우 중요한 책을 모두 거절했다. 음악의 아버지 요한 세바스찬 바흐와 동시대를 산 음악가들은 바흐의 작품을 삼류로 분류했고, 1950년대와 1960년대의 교육자들은 아스트리드 린드그렌의 멋진 이야기 《삐삐 롱 스타킹》이 아이들을 망친다고 강하게 비난했다. 스타 여류 작가 조앤 롤링은 《해리 포터》를 출간할 출판사를 만나기까지 10년을 기다려야 했고, 파트리크 쥐스킨트의 매니저는 《향수》를 들고 출판사를 104곳이나 돌아다닌 뒤 비로소 이 베스트셀러를 펴낼 출판사를 찾아내는 데 성공했다. 만약 조앤 롤링이나 파트리크 쥐스킨트가 똑똑한 전문가들의 비판을 마음에 두고 원고를 서랍 속에 넣어두었다면 큰돈을 벌지 못했을 뿐 아니라, 자신을 좋아하는 수백만 독자에게 책을 읽는 즐거움도 주지 못했을 것이다.

다른 사람의 말을 심각히 받아들이는 사람은 사는 일이 힘들다. 사람에게는 저마다 가는 길이 있다. 아무도 다른 사람을 판단할 권한은 없다. 간통한 여인을 끌고 온 도덕적 위선자들이 예수에게 물었을 때 예수가 보인 반응은 이 맥락에서 인상적이다. 예수를 궁지에 몰아넣기 위하여 한 젊은 여인의 삶을 희생하게 한 위선자들은 정말 비열하다. 모세의 율법에 따르면 간통을 저지른 자는 돌에 맞아서 죽어야 하기 때문이다. 예수는 아무 말도 하지 않고 그 자리에 앉았다. 그리고 잠시 생각에 잠겨 있다가 이렇게 말했다.

"너희 가운데 죄 없는 사람이 먼저 이 여자에게 돌을 던져라."

예수는 다른 사람에 대한 율법주의자들의 생각이 어떤 것인지 이렇게 훌륭히 보여 주었다. 진실은 매우 상대적인 개념이다.

로마의 황제이며 스토아 철학자인 마르쿠스 아우렐리우스는

《명상록》에서 이렇게 말했다. "진실은 없다. 의견만 있을 뿐이다."

그리고 일본의 영화감독 구로사와 아키라는 전설적인 작품 〈라쇼몽Rashomon〉에서 강간을 저지른 범인과 피해자 그리고 목격자가 범행을 저마다 얼마나 다르게 해석하는지를 보여 준다. 무사의 부인이 동의했을지 모른다는 주장부터 그 반대인 내용까지.

"우리는 모두 착각을 한다. 그러나 저마다 다르게 착각한다."

횔덜린은 깊은 통찰력으로 이렇게 말했다.

다른 사람의 생각에 종속되는 것과 다른 사람에 대한 편견이나 선입관에 빠지지 않고 사람을 속단하지 않는 것은 별개 문제다. 우리는 친구의 행동을 자세히 생각하지 않고 그 배경도 잘 모르면서 쉽게 판단을 내린다. 진실을 규명해야 한다는 사실을 알지만 우리는 확신하면서 잘난 척하고 유식한 체하기의 해악을 퍼뜨린다. 자기 생각을 다른 사람에게 강요하면 분노를 산다. 힘이 더 세고 사회적 위치가 더 높은 사람, 나이가 더 많고 말수가 더 많은 사람은 감히 다른 사람을 가르치거나 비난하려고 든다. 이러한 사람은 자신이 보고 싶은 것만 보고 자신의 세계관에 맞는 것만 듣는다는 사실을 잊고 있다.

1850년 보스턴 출신 선교사 레버렌드 크램은 이로쿼이족 추장들에게 참 종교에 대한 토론에 와달라고 부탁했다. 토론에서 크램은 기독교 성직의 독선에 빠져 이 '무지한' 이교도를 가르치려고 들었다.

"신을 섬기는 길에는 한 종교밖에 없소. 바른 길을 찾지 못한다면 행복할 수 없소. 잘못된 생각을 바르게 깨닫도록 눈을 열어주는 것이 내가 할 일이오. 혹 내가 전파하는 종교를 반대한다면 솔직히 말하시오. 당신의 다른 생각과 의심을 없애고 지성을 깨우치도록 노력하겠소."

그러자 추장인 '붉은 상의'는 능숙한 말로 크램의 말을 가로막았다.

"우리는 당신의 부탁으로 이곳에 모여서 당신의 말에 귀 기울였소. 당신은 우리에게 지성으로 대답할 것을 부탁했소. 이는 참 다행한 일이오. 우리가 당신 앞에 정직히 서서 우리의 생각을 말할 수 있다고 믿기 때문이오. 당신은 위대한 영이 바라는 방법대로 그를 숭배하는 길을 가르치기 위해 왔다고 했소. 그리고 만약 우리가 백인의 종교를 받아들이지 않는다면 영원히 저주를 받을 거라고 말했소. 또한 당신의 말은 옳고 우리는 잘못된 길을 간다고 하오. 이것이 진실인지 어떻게 알 수 있소? 당신의 종교는 책에 쓰여 있다고 들었는데, 만약 그것이 또한 우리를 위한 책이라면, 위대한 영은 왜 우리가 그 책의 존재를 모르도록 내버려두는 것이오? 왜 우리는 그것을 이해할 수 없소? 왜 우리의 할아버지는 그것이 존재하는 사실을 몰랐소? 우리는 당신이 우리에게 말하는 것만 알 뿐이오. 백인은 우리를 자주 속이는데, 우리가 어떻게 당신을 믿을 수 있겠소?

형제여, 당신은 위대한 영을 숭배하고 섬기는 길이 단 하나뿐이라고 말했소. 만약 한 종교밖에 없다면 당신들 백인은 왜 의견이 일치하지 않는 것이오? 당신들은 모두 그 책을 읽을 수 있는데도 왜 그것을 잘 알지 못하는 것이오?

당신의 종교는 먼 조상부터 아버지에게서 아들로 전해 온다고 들었소. 우리에게도 선조부터 후세에 전해 오는 종교가 있소. 우리는 우리의 방법으로 위대한 영을 섬기오. 우리는 우리가 받는 좋은 것을 모두 감사하며 서로 사랑하고, 마음을 화합하오. 종교 때문에 싸우는 법은 절대 없소.

위대한 영은 우리를 모두 창조했소. 피부가 붉은 아이들과 하얀 아이들의 차이는 크오. 위대한 영은 우리에게 제각기 다른 피부와 습관을 주었소. 우리를 서로 다르게 창조했다면, 우리에게 맞는 종교도 주지 않았을 이유가 어디에 있소? 위대한 영이 하는 일에는 언제나 의미가 있소. 위대한 영은 자녀에게 가장 좋은 것이 무엇인지 아오. 우리는 그것에 만족하오.

형제여, 당신이 이곳 백인들에게 설교했다고 들었소. 그들은 우리의 이웃이오. 우리는 그들을 아오. 당신의 설교가 저들에게 어떤 영향을 주는지 조금 기다리며 지켜보겠소. 만약 더 정직하고 선한 사람이 되어서 인디언을 속이는 나쁜 습관을 버린다면 당신의 제안을 한번 생각해 보겠소. 이것이 우리가 지금 당신에게 제안할 수 있는 유일한 것이오.

이제 헤어질 때가 되었으니 우리는 당신에게 다가가 악수를 청하겠소. 돌아가는 길에서 위대한 영이 당신을 지켜주고 친구들에게 데려가 주기를 바라오.”

말을 마친 붉은 상의는 자리에서 일어나 선교사에게 상냥히 손을 내밀었다. 그러나 레버렌드 크램은 성급히 일어나 하나님의 종교와 악마의 종교 사이에는 우정이 있을 수 없으므로 악수를 거절한다고 대꾸했다.

이로써 믿음이 깊은 이 남자는 자신이 누구의 자녀인지를 나타내었다. 독선적인 크램은 정신적인 편협함을 보이고, 우호적인 악수를 거절함으로써 옹졸함을 드러내었다. 크램과 반대로 붉은 상의는 조금도 흥분하지 않고 인간적인 위대함을 보였다. 경건한 영혼에 대한 욕심에 시달리는 크램과 다르게 그는 다른 사람에게서 아무 것도 바라지 않았기 때문이다.

비판하기 좋아하는 서구인의 욕망은 어디서 올까? 모든 사람과 사물을 판단하고, 설명하고, 비난하려는 충동은 왜 일어날까? 어쩌면 그것은 우리가 질문을 던질 필요도 없이 항상 모든 것에 대한 답을 바로 알기 때문인지 모른다.

우리는 질문을 하기에 마음이 너무 편하거나 비겁하다. 플라톤의 《대화》에서 서양의 이상주의 철학은 다름 아닌 날카롭게 묻고 원인을 캐는 소크라테스에 근거한다. 소크라테스는 인간이 자신의 잘못과 정신적인 편협을 인정하고 찾아내도록 하기 위해 아테네 곳곳을 돌아다니며 모든 사람이 자신의 분야에 대해 무지하다는 사실을 입증했다. 소크라테스가 사용한 방법은 바로 반어법이었다. 그는 마치 아무것도 모르는 양 전문가에게 가르침을 구하고, 전문가는 소크라테스의 파고드는 영민한 질문에 대답하다가 어느 순간 웃음거리가 되고 마는 것이다.

추장 붉은 상의는 레버렌드 크램의 주장에 대한 자기 생각을 말하면서 선교사의 권위주의적 논거가 얼마나 공허한 소리인지 멋지게 보여주었다. 소크라테스는 자신의 방법을 산파술(産婆術)이라고 부르며, 재치 있는 질문으로 대화 상대자를 자기인식과 세계인식의 영역으로 이끌고자 했다. 덕은 지식이므로 이성이 있는 사람은 덕을 배울 수 있고 가르침을 받을 수 있다는 가정에 그 근거가 있다.

신중함이든 공평함이든, 친절이든 용기든, 소크라테스는 모든 것을 배워서 익힐 수 있다고 생각했다. 이로써 소크라테스는 후대 기독교 사상가나 부처와 생각이 일치한다. 명상의 목적도 다름 아닌 인간의 행복한 삶을 위한 더 좋은 방법을 찾는 것이기 때문이다. 우리는 선입관에 빠져서 자꾸 갈등한다. 자신을 과대평가하여 부족한 지식과 끈기로 실패하거나, 자신을 과소평가하여 이익이 되는 일을 감행하지 못하고 실패한다.

현자는 꾸짖지 않는다. 그저 관찰하고, 보기를 들거나 소크라테스처럼 총명한 물음을 던짐으로써 가르친다. 진정한 인간사랑은 이웃을 있는 그대로 받아들이는 것이다. 자기 의견을 다른 사람에게 강요하지 않는 순간 모든 관계는 단순해진다. 다른 사람에 대한 분노 역시 무능한 자신에 대한 분노처럼 사라진다. 다른 사람에 대해 즉흥적으로 말하는 습관을 줄여감으로써 (이것도 분수를 지키는 방법 가운데 하나다.) 삶은 쉽고 편해진다. 스토아 철학자들은 특히 선입관을 조심하라고 경고했다.

"누가 성급히 몸을 씻는다. 그가 잘 씻지 못한다고 말하지 마라. 성급히 씻는다고 말하라. 누가 술을 많이 마신다. 그가 나쁜 행동을 한다고 말하지 마라. 단지 많이 마신다고 말하라. 원인을 파악하기 전에는 무엇이 잘못인지 알 수 없기 때문이다."

오래된 기도문에 이러한 글이 있다.

"주님, 모든 기회에 모든 주제에 대해 무엇을 말해야 한다는 잘못된 생각에 빠지지 않도록 지키소서. 다른 사람의 일에 간섭하려는 정열에서 나를 구하소서. 내 질병과 고통에 대해 침묵하는 법을 가르치소서. 질병과 고통은 점차 심해지고, 이를 말하고 싶은 욕망은 갈수록 커지나이다. 내가 착각할 수 있다는 놀라운 지혜를 가르치소서. 다른 사람에게서 내가 예감하지 못한 능력을 발견하고, 또한 그것을 말할 수 있는 아름다운 능력을 주소서."

비움 ⑬

—에피쿠로스

　　　　　　　인간이 행복을 지속할 수 있는 방법
을 설득력 있게 쓴 가장 오래된 기록은 기원전 341년 그리스 사모
스 섬에서 태어난 에피쿠로스의 글이다. 에피쿠로스는 사모스 섬
에 있는 플라톤 학파 사람 팜필로스에게서 학문을 배운 뒤, 테오스
에 있는 데모크리토스 학파 사람 나우시파네스를 찾아갔다. 에피
쿠로스는 두 스승에게서 당시 지식의 기본을 배운 뒤, 냉정한 현실
주의자와 자연과학자로서 확실히 측량하고 증명할 수 있는 것을
사고의 바탕으로 삼았다.

　　지칠 줄 모르며 탐구한 에피쿠로스는 머지않아 다방면의 학식
을 갖춘 사람이 되었고, 평생 동안 300권이 넘는 책을 통해 기본 물

리학부터 신학에 이르는 방대한 지식을 설명해 놓았다. 에피쿠로스는 30살에 당시 정신생활의 중심지인 아테네로 가서 제자들과 함께 넓은 땅을 산 뒤, 이곳에 집과 회관을 짓고 아름다운 정원을 만들었다. 그래서 세상 사람들은 학문을 닦으면서 함께 생활하는 이들의 공동체를 '정원의 철학자들' 이라고 불렀다. 에피쿠로스는 이곳에서 자신의 처세술에 대한 구상을 실현할 수 있었다. 실천하는 사람으로서 이론만 세우는 것은 쓸모없다고 생각했다. 그는 물리학과 같은 학문적 지식이 정신적 충격에 따르는 불안을 없앤다고 확신했다. 에피쿠로스는 유물주의적 세계관을 가르치면서 동시대 사람들의 미신을 깨뜨리기 위하여 노력하고, 신이 세상을 창조했다는 주장을 제사장 집단의 억측이라고 여겼다. 에피쿠로스는 신의 존재를 부정하지는 않았지만, 이 행복한 신들이 평온한 세계에 살면서 인간과 인간의 문제는 돌보지 않는다고 믿었기 때문에 신을 믿는 일은 쓸데없다고 생각했다.

에피쿠로스에게는 죽음에 대한 두려움도 근거가 없었다. 인간의 영혼은 원자로 이루어진 공기와 같이 미세한 구성물로서 육체가 죽고 난 뒤에는 무로 돌아가기 때문이다.

"죽음은 무(無)다. 존재하지 않는 것에는 느낌이 없기 때문이다. 더는 아무것도 느끼지 못한다면 의미가 없다."

삶이란 덧없음이 계속 수반되는 원자들의 춤일 뿐이라고 에피쿠로스는 생각했다. 그러므로 인간의 가장 고귀한 목표는 삶에 대한 욕망이다. 삶에 대한 욕망은 마음이 완전히 평온해지고, 근심 없이 유쾌하고, 고통에서 벗어나 자유롭고, 육체가 건강함으로써 일어난다. 에피쿠로스는 이러한 삶의 방식이 인생의 행복을 위해 가장 중요하다고 생각했다. 현명한 자는 날마다 삶을 진정으로 살도록 노력해야 한다. '행복하게 살기.' 바로 이것이 에피쿠로스의 신조다. 그렇다면 어떻게 행복하게 살 수 있을까? 행복하게 사는 방법은 다른 사람의 눈에 띄지 않게 숨어서 사는 것이다. 혼란스러운 세상과 멀리 떨어져서 사랑하는 친구들과 함께 사는 것이다.

에피쿠로스에게 진정한 만족은 간단하다.

"이성적으로 살지 않으면서 기쁜 삶을 누릴 수 없다. 또한 반대로 기쁨 없이 이성적이며 고상한 삶을 살 수 없다."

에피쿠로스에게 참 행복은 비움, 행위와 신념의 순수함, '행복에서는 장신구이며 불행에서는 은신처'인 정신적 교양, 그리고 무엇보다 유쾌한 태연자약에서 나온다. 그는 태연자약을 '갈레네 Galene', 즉 영혼에 있는 바다의 고요함이라는 멋진 말로 표현했다.

외면의 비움과 내면의 비움을 하나로 합친 것이다. 에피쿠로스는 안정을 얻으려고 걱정하며 애쓰는 것이 끊임없는 악의 원천이라고 생각했다.

"힘과 돈이 있으면 사람들의 위험에서 어느 정도 벗어날 수 있다. 그러나 진정한 안정이란 사람들을 떠나서 고요 속에서 사는 것이다."

에피쿠로스는 부정한 일을 당하는 것보다 부정한 일을 하는 것이 사람을 더 불행하게 만든다고 생각했다. 게다가 교양이 있는 사람은 나쁜 짓을 하면 안 될 뿐 아니라, 생각조차 하면 안 된다. 사람은 다른 사람에게보다 자신에게 부끄러운 마음을 가져야 하며, 사람들이 알든 모르든 부정한 일을 해서는 안 된다.

"올바른 사람의 삶은 불안에 흔들리지 않고, 올바르지 못한 사람의 삶은 불안으로 가득하다."

에피쿠로스는 사람을 즐겁게 하는 것도 신중히 살펴서 선택해야 한다고 권한다. 그 중에는 여유로운 즐거움을 방해하는 것이 많을 수 있기 때문이다. 성에 관한 에피쿠로스의 생각은 아주 지혜롭다.

"욕정이 꿈틀거리면 지나친 성욕이 일어난다고 들었다. 네가 좋다면 욕망을 따르라. 그러나 법을 어기거나, 품위를 잃거나, 가까운 사람의 마음을 다치게 하거나, 건강을 해치거나, 재산을 탕진하지 마라. 하지만 이 가운데 아무 곤란도 겪지 않기란 어려운 일이다. 욕망에는 아무런 이익이 없다. 해를 입지 않는다면 다행이다."

에피쿠로스에게 인간의 최고 재산은 우정이다. 우정을 얻을 수 있는 능력은 지혜가 행복에 기여하도록 하는 것 가운데 가장 중요한 것이기 때문이다. 에피쿠로스에게 친구가 얼마나 소중한지는 "친구들과 나눈 아름다운 대화의 추억으로 인생 말로의 고통을 참아낸다."는 그의 말에서 알 수 있다. 이와 같은 뜻으로 에피쿠로스는 최소의 것으로 살 수 있는 사람만이 진정으로 행복한 삶을 살수 있다고 믿었다.

"부를 얻은 많은 사람은 고통을 없애는 것이 아니라 더 큰 고통을 얻은 것뿐이다."

실제 오늘날에도 갑작스럽게 부자가 된 사람들은 이 말이 사실임을 증명한다. 오스트리아의 팝 스타 팔코는 마약 때문에 일어난 사고로 죽기 얼마 전 이렇게 탄식했다.

"내 불행은 돈을 버는 것에서 시작되었다."

에피쿠로스는 욕망이 일어날 때마다 자신에게 이렇게 물어야 한다고 말했다.

"욕망을 채우고 나면 어떻게 될까? 그리고 채우지 못하면 어떻게 될까?"

에피쿠로스는 또한 명예와 관직을 멀리해야 한다고 주장했다. 그것은 스트레스와 고통과 불행을 불러올 뿐이기 때문이다. "보이지 않는 곳에서 행하라." 에피쿠로스는 이렇게 썼다. 그리고 크리쉬나무르티는 여기에 다음과 같은 아름다운 말을 보탠다.

"자유란 마음이 은거하는 상태다."

마지막까지 주어진 길을 걸어라

스토아 철학은 의연한 마음을 품고 타협하지 말며, 하찮은 일로 돈의 유혹을 받지 말라고 가르친다. 이것은 사람을 어려운 상황에 빠뜨릴 수 있기 때문이며, 도덕적으로 비난을 받아 마땅하기 때문이다. 이러한 스토아 철학은 선불교나 도교의 인생철학과 같이 동양 성현의 가르침과 일치한다. 우리가 앞에서 보았듯이, 무위의 가르침은 생의 강물 속으로 몸을 던져 순간을 위해 살고, 미래를 걱정하면서 괴로워하지 말고, 평온한 마음으로 행동하고, 세상일이 무르익은 때가 오기를 편히 기다리라고 권고한다. 토스카나 지방에는 "아무리 자주 올리브를 잡아당겨도 더 빨리 익지 않는다."는 속담이 있다.

에픽테토스가 실제적 인생철학의 근거를 둔 기본 테제는 이것이다.

"세상사 가운데에는 우리가 할 수 있는 일이 있고 할 수 없는 일이 있다. 우리가 할 수 있는 것에는 생각, 행동, 욕구, 거부가 있는데, 이는 모두 우리에게서 생긴 것이다. 우리가 어떻게 할 수 없는 것에는 몸, 소유, 명망, 외적 지위가 있는데, 이는 모두 우리에게서 생기지 않은 것이다."

이것은 혁명과 같은 새로운 철학적 사고였다.

"우리가 할 수 있는 일은 본래 자유로우며, 외부의 방해를 받거나 저지를 당하지 않는다. 우리가 할 수 없는 일은 외부의 공격을 받을 수 있으며, 그것에 종속될 수 있고, 다른 사람의 영향과 훼방을 받을 수 있다.

사실 자유롭지 못한 것을 자유롭다고 여기고, 남의 것을 자기 것이라고 생각하면 너는 큰 어려움과 흥분, 슬픔에 빠져 신과 모든 사람을 원망할 것이다. 그러나 자기 것만 자기 것으로 생각하고, 남의 것은 자신에게 속하지 않는 것으로 생각한다면, 너는 아무 강요나 방해도 받지 않을 것이고, 아무 비난도 책망도 하지 않으며 네 의지를 거스르는 일을 하지 않을 것이다. 아무에게도 해를 입히지 않으니 네게는 적이 없기 때문이다. 너를 해칠 수 있는 것은 아무것도 없다.

만약 그렇게 고귀한 것을 얻고자 노력한다면 그것을 위한 투쟁에 모든 것을 쏟지 않으면 안 된다. 많은 것은 영원히 포기하고, 다른 것은 한순간 포기해야 한다.

또한 그 밖에 영예로운 자리와 부를 좇는다면, 두 가지를 모두 바라기 때문에 어쩌면 이것조차 얻을 수 없을지 모른다. 그러나 행복과 마음의 자유를 가능하게 하는 것은 반드시 놓쳐 버릴 것이다.

너를 위협한다고 느끼는 것에게 말하는 데에 익숙해져라. 그것은 위협이 아니라 단지 환상일 뿐이라고. 그리고 나서 위의 원칙에 따라서 생각해 보라. 특히 첫째 원칙을 근거로 자신에게 물어라. 그것은 내가 할 수 있는 일인가? 만약 스스로 할 수 없는 일이라면 이렇게 말하라. 그것은 나와 아무 상관이 없어!"

이것은 물론 자명한 말이다. 사고를 당하면 육체적 고통을 받고, 주식이 폭락하면 전 재산을 잃고, 권력 구조가 바뀌면 명예가 사라지고, 높은 연봉을 계약하고 회사의 기대주로 채용된 실력 있는 영업과장은 회사가 파산하면 풀이 죽어서 노동청으로 가 새로운 일자리를 찾아야 한다.

안전한 것은 없다. 서유럽 사람들 가운데 3분의 2는 모든 분야에서 불확실성이 증가한다고 믿는다. 2차 세계대전 이후 성실히 일한 사람들은 보장된 복지와 연금을 믿을 수 있었다. 하지만 이러한 믿음은 점차 사라지고 있다. 이제까지 입증된 예로 성공을 계획하는 일은 잊어야 한다. 지금은 안전하다고 생각하는 직업이 내일은 없어질 위기에 처할지 모른다. 인생은 갈수록 예측하기 어렵고 복잡해진다. 유명한 전문가의 예상조차 완전히 틀린 것으로 드러나기 때문이다.

심지어 매우 안정된 직업인 공무원도 미래가 불안하다. 위험을 조금도 안고 싶지 않은 바람은 다른 어느 때보다 강하고, 사람들은 자기 것을 놓지 않으려고 안간힘을 쏟는다.

불확실한 미래 때문에 몸과 마음과 정신은 끊임없이 스트레스를 받는다. 역설이지만 안정을 바라는 욕구는 직업이나 생활의 안정도가 커질수록 증가한다. 그런데 안정이란 정말 존재하는 것일까? 아니다. 예상하지 못한 일은 자꾸만 일어난다. 그 가운데에는 좋은 일도 있고, 나쁜 일도 있다.

소프트웨어 기업 마이크로소프트사를 세우고 세계에서 가장 큰 부자가 된 빌 게이츠는 운 좋은 우연으로 부(富)를 쌓을 수 있었다. 거대 다국적 기업인 IBM이 아직 시장을 지배하던 시기, IBM이 마이크로소프트 사의 운영체제 MS-DOS가 아닌 다른 체제를 국제 표준으로 선언했다면, 어쩌면 오늘날 빌 게이츠는 평균적으로 돈을 버는 정보처리기사가 되었거나 자신의 하버드 대학 동창생 대부분처럼 작은 소프트웨어 회사를 운영하고 있을지 모른다. 마치 사막의 족장에게 석유 샘이 그렇듯이 빌 게이츠에게는 그의 유능함과 IBM의 결정이 도움이 되었다. 족장도 게이츠도 완전히 행운을 잡은 것이다.

스위스 출신 요한 아우구스트 주터Johann August Sutter의 운명은 정말로 기괴하다. 변덕스러운 행운의 여신 티케는 주터와 잔혹한 게임을 즐겼다.

주터의 상황은 오늘날 매년 4만여 명의 독일 기업가가 겪는 상황과 비슷했다. 출발은 순조로웠다. 그러나 바덴에 있던 주터의 회사가 갑작스레 파산하고 그는 하루아침에 재산을 모두 잃고 말았다. 빚쟁이들은 주터의 집에서 가구와 다른 귀중품을 가져가면서 좌절한 사업가에게 도둑과 어음 위조자라고 욕을 퍼부었다. 주터의 아내와 아이들은 창백한 얼굴로 모든 것을 바라볼 수밖에 없었다. 돈은 없고, 회사는 망하고, 명예는 사라졌다. 작은 도시에서는 새로운 시작을 꿈꿀 수 없었다. 주터는 몰래 뉴욕으로 자취를 감추었다.

이곳에서 서른한 살의 주터는 점원으로, 드럭스토어 판매원으로, 술집 주인으로 삶을 다시 시작했다. 파산의 경험으로 신중해진 주터는 인색할 정도로 절약하며 생활했다. 그리고 몇 년 뒤 그는 미주리에 있는 작은 농장을 살 수 있었다. 이것은 상처 입은 자의 식에 도움이 되었다. 특히 몇 년 후 이익을 남기고 농장을 팔게 된 것이 그랬다.

주터는 미주리에서 얻은 수익을 들고 캘리포니아로 갔다. 당시 캘리포니아는 무한한 가능성이 있는 땅이었다. 그곳에서 주터는 아주 싼 값으로 약 2만 3000헥타르에 달하는 땅을 산 뒤 인디언과 하와이에서 데려온 외국인 노동자들을 고용하여 땅을 경작하고, 강한 요새를 지었다. 주터는 관개시설과 방앗간, 소주 만드는 곳과 대장간, 담요 공장을 만들고, 길을 닦고, 농장을 지었다. 그리고 자신의 작은 왕국을 새로운 헬페티엔(Helvetien, 스위스의 옛 명칭)이라고 자랑스럽게 불렀다.

옛날의 파산자는 돈이 엄청 많은 대지주가 되었다. 1846년 미국인들이 멕시코 사람들에게서 캘리포니아를 빼앗을 당시에 주터는 싫은 내색을 보이지 않았다. 프리몬트 장군과 미국 병사들이 주터가 지은 요새를 점령했을 때조차 그랬다. 이제 이곳은 미국 땅이 되어서 모험가와 투기꾼, 뱃사람과 모피 사냥꾼, 이 밖에 돈을 탐내는 많은 사람들이 자신의 행운을 찾기 위하여 주터가 만든 공업지역으로 몰려들었다. 주터의 물레방아는 수많은 사람들의 주린 배를 채우는 데에 부족했다. 그런데 더 큰 물레방아를 만들기 위하여 개울을 파던 도중 갑자기 한 일꾼이 금광맥을 발견했다.

큰 난리가 일어났다. 금광맥을 찾았다는 소문은 불길처럼 빠르게 퍼져 나갔다. 주터의 일꾼들은 모두 떠나가고, 카우보이, 모피 사냥꾼, 군인, 뱃사람, 농부, 떠돌이 장사꾼이 그의 땅을 차지해 버렸다. 이들은 경작지를 쑥대밭으로 만들고, 농장을 황폐하게 하고, 공장을 약탈하고, 소와 양 떼를 잡아먹고, 불법으로 그의 농장과 집에 들어가 살았다. 수년 동안 땀 흘려 거둔 결실이 짧은 순간에 모두 무너졌다. 주터는 넋을 잃고 그 잔해 앞에 섰다. 그는 또 다시 몰락하여 빈털터리신세가 되고 만 것이었다.

2년 뒤 기운을 다시 차린 주터는 자신의 땅에 불법으로 정착한 농민과 금 채굴자 1만 7220명을 상대로 소송을 제기했다. 또한 주터는 국가가 그와 그의 재산을 보호하지 못했다고 소송을 걸고

(1850년에!) 2500만 달러와 찾아낸 금에 대한 자기 몫을 요구했다. 재판은 여러 해 걸렸다. 그리고 주터는 마침내 농민과 국가를 상대로 승소했다. 미국 최고재판소는 주터에게 유리하도록 판결을 내리고, 그에게 1억 달러의 손해배상금을 지불하라고 명령했다. 판결이 알려지자마자 농민들은 땅의 합법적인 주인을 미워하고 그에게 복수하려고 들고 일어났다.

둘째아들이 살해되고, 집은 방화로 없어지고, 남은 재산은 도난당했다. 농민 수천 명은 판결에 저항했다. 주터는 목숨을 잃을 것이 두려워 가족과 도망쳤고, 그 후 20년 동안 판결이 관철되도록 소송을 제기했다. 완전히 망할 때까지. 77세의 주터가 갑자기 정신을 잃고 쓰러졌을 때 그의 자식들은 자신의 권리를 되찾기 위한 돈도 용기도 없었다.

빌 게이츠의 행운과 요한 아우구스트 주터의 불행은 수십 억 다른 사람들의 보기다. 우리는 우연과 운명의 시련을 겪으면서 항상 새로운 상황에 직면하기 때문이다.

에픽테토스의 철학에 따르면 주터는 불행을 당하고 재산을 모두 잃어버렸다. 재산은 사실 그의 마음대로 어떻게 할 수 있는 것이 아니었다. 재산이란 항상 위협을 받기 때문이다. 이에 대하여 에픽테토스는 말한다.

"무엇을 잃어버렸다고 말하지 마라. 그것을 돌려주었다고 말하라. 너는 농장을 빼앗겼다. 그러므로 이것도 돌려준 것이다. 그것을 맡고 있는 동안에는 빌린 것이라고 생각하라. 혹은 여행하는 손님이 여관을 보듯이 바라보라."

주터가 소송으로 얻은 것은 무엇인가? 아무것도 없다. 인생의 소중한 시간을 증오와 불평으로 허비해 버렸다. 아들은 살해당하고, 가족은 불안에 떨고, 주터 자신도 비참한 죽음을 맞고 말았다. 에픽테토스는 말했다.

"네가 바라는 대로 모든 일이 일어나기를 요구하지 마라. 일이 일어나는 대로 일어나는 것에 만족하라. 그리하면 평안 가운데 살 것이다."

운명은 연극에서처럼 모든 사람에게 저마다 해야 할 일을 나누어 준다. 누구나 자신이 맡은 역을 짧든 길든 연기해야 한다. 대지주 역을 연기하는 사람도 있고, 치과의사 역을 연기하는 사람도 있다. 무엇을 바꾸고 싶다면, 그것은 나에게 달려 있다. 하지만 목표를 이룰 수 있는지는 확실하지 않다. 모든 것은 항상 우연으로 변할 수 있기 때문이다. 중국의 노자(老子)는 하늘이 백성을 짚으로 만든 개처럼 여긴다고 말했다. 당시 중국 사람들은 짚으로 개를 만들어 불행을 쫓기 위한 제물로 썼다. 그리고 제사가 끝난 뒤에는 그것을 길 위에 던져 황소 수레와 말, 지나는 사람들이 짓밟도록 했다.

반면 많은 사람은 우연이 정말 존재하는지 의심한다. 지구와 우주에 신적 존재가 가득하다고 생각하는 스토아 철학자들은 자신의 세계관에 따라서 모든 우연을 일관적으로 배제하면서, 우리가 무엇의 원인을 규명할 수 없기 때문에 그것을 우연이라고 생각한다고 강조한다. 그림 형제는 독일어사전에서 우연의 개념을 훌륭히 정의했다.

"우연은 계산할 수 없는 사건이다. 우리의 이성과 의도에서 벗어나 있다."

그러므로 사람은 우연을 두려워한다. 사람에게 유익한 경우는 제외하고. 앨버트 아인슈타인도 스토아 철학자들처럼 이 세상에 존재하는 것은 모두 예정된다고 믿었다. 아인슈타인은 말했다.

"신은 주사위를 던지지 않는다."

우연이든 숙명이든 어쨌든 사람에게는 이해할 수도, 예견할 수도 없는 일이 계속 일어난다. 에픽테토스는 우리는 그러한 사실에 아무 영향을 미칠 수 없으므로 행복을 자기 안에서 찾으라고 충고한다.

"배우지 못한 자는 자신에게서 유익이나 무익을 기대하지 않으며 모든 것을 외부에서 바라고, 철학자는 모든 유익과 무익을 자신에게서 기대한다. 전진하는 사람은 누구를 비난도 칭찬도 하지 않는다. 꾸짖지도 책망하지도 않는다. 그리고 자신이 특별한 사람이 되거나, 특별한 것을 아는 것처럼 말하지 않으며, 방해를 받거나 저지를 당하면 그 원인이 자신에게 있다고 본다. 누가 칭찬을 하거나 비난해도 흥분하지 않고, 비난에 동의하지 않는다. 모든 욕망을 자신에게서 내버렸다. 그렇기 때문에 그것은 더욱 변하지 않고 흔들리지 않는다. 자신이 조금 기이하고 무지한 모습으로 보여도 그는 전혀 개의하지 않는다. 그러나 그는 적이나 배신자를 경계하듯이 자기 자신을 조심한다."

에픽테토스는 또한 질투를 경고한다. 성공은 노력과 굴욕이 있어서 가능하기 때문이다. 문제는 목표를 이루기 위하여 그것을 감수할 의지가 있는가의 여부다.

"만약 누가 밥을 먹거나 인사할 때, 혹은 상담에서 너 아닌 다른 사람을 선택할 수 있다. 만약 이것이 좋은 것이라면 다른 사람에게 돌아간 것을 기뻐해야 할 일이다. 만약 그것이 재물이 아니라면, 그것을 갖지 못했다고 화를 내는 이유는 무엇인가? 생각해 보라. 자신의 능력 밖의 일을 이루기 위해 그와 똑같은 노력을 기울이지 않는다면, 똑같은 것을 요구할 수도 없다. 권력자의 방 앞에서 기다리지도 않고, 아첨하고 아부하는 무리에도 끼지 않고, 아양도 부리지 않고, 찬양가도 부르지 않는 사람이 이것을 모두 실천하는 사람과 어떻게 똑같은 것을 얻을 수 있는가? 만약 이렇게 수고할 의지도 없이 권력자의 총애를 거저 받고 싶다면, 그것은 부당하고 오만한 태도다."

탈레랑은 나폴레옹의 장관으로 세력을 떨친 인물이었다. 그는 나폴레옹에게서 이런 말을 들어야 했다.

"당신은 비단 양말 속에 든 배설물일 뿐이오."

에픽테토스는 값을 치르지 않고 명예를 얻으려는 사람은 세상의 이치를 모르는 자라고 생각했다.

"그런데 네게는 초대를 대신할 만한 것이 아무것도 없다고? 아니다. 칭찬하고 싶지 않은 사람을 칭찬하지 않았다는 의식이 있다. 너는 그에게 허리를 굽힐 필요가 없다."

아르켈라오스 왕이 자신의 부를 나누어주기 위해 소크라테스를 부르자, 소크라테스는 왕에게 이러한 말을 전했다.

"아테네에서는 보리쌀 2되의 값이 1오볼로스이며, 우물에는 물이 넘치도록 가득하나이다."

이것은 본질상 에픽테토스의 스토아 철학과 같다. 이를 명심하는 사람은 마음의 자유와 행복으로 가는 길에 이를 것이다.

1996년 하이데마리 슈베르머Heidemarie Schwermer는 자신의 삶을 완전히 바꾸었다. 1942년 메멜에서 태어난 슈베르머는 교사이자 심리학자이며 한 가정의 어머니였다. 슈베르머는 쉰네 살에 모든 안정을 포기하고 '물물교환 센터'를 세운 뒤 지금까지 돈 없이 살고 있다.

슈베르머는 항상 디오게네스, 싯다르타처럼 살고 싶었다. 그래서 그녀는 집안의 가구를 모두 다른 사람에게 주고, 집과 개인병원을 팔고, 건강보험을 해약했다. 그 후 슈베르머는 여행자를 위한 숙소에 살면서 생활에 필요한 것은 교환센터에서 구했다. 그녀는 1년이 지난 뒤 더욱 풍성한 삶을 살 수 있었음을 깨달았다. 일, 여가, 휴가와 같은 개념도 완전히 새롭게 이해하게 되었다.

이제 슈베르머는 스트레스를 받거나 분주히 살지 않으면서 행복을 느꼈다. 슈베르머는 자신의 삶의 형태를 '소유와의 이별'이라고 불렀다. (이것은 여러 언어로 번역된 그녀의 책 제목이기도 하다.) 슈베르머는 이 시대를 사는 우리도 알듯이 "소유와 존재의 길이 하나일 필요가 없다."는 사실을 보여주었다. 그녀의 목표는 "아무것도 갖지 말고, 많은 것이 되는 것"이다. 이 새로운 삶의 방법은 슈베르머에게 잘 맞는 것 같다. 그녀는 행복할 뿐 아니라 행복해 보이기 때문이다.

모든 사람이 싯다르타나 슈베르머처럼 자신을 억누르는 괴로움에서 갑자기 벗어날 수는 없다. 그러나 용기는 배울 수 있다. 두려움을 느끼면 위험을 조용히 관찰하라는 무위사상의 가르침은 문제를 해결하는 첫걸음이다. 이솝은 우화를 통해 두려움과 두려움을 이겨내는 방법을 이야기한다.

"살면서 한 번도 사자를 보지 못한 여우가 어느 날 사자와 우연히 마주쳤다. 여우는 사자가 너무도 무서워 죽을 것 같았다. 그 뒤 사자를 다시 만난 여우는 사자가 여전히 두려웠지만, 처음만큼 무섭지 않았다. 또 다시 사자와 부딪힌 여우는 이제 사자에게 다가가서 말을 걸 용기가 생겼다."

이 우화는 사람이 거듭된 반복으로 두려운 일도 이겨낼 수 있다는 사실을 교훈으로 보여준다. 비록 처음에는 떨면서 주저했지만, 여우는 도망치거나 피하지 않고 사자에게 접근했다. 그리고 세 번째 만남에서부터는 더이상 사자가 두렵지 않았다. 이솝은 두려움에 대한 문제와 그것에서 벗어나는 방법을 가장 간결하게 잘 표현했다.

비움 ⑭
—고타마 싯다르타

자신을 위한 지식의 보물을 삶을 변화시키는 데에 쓸 준비가 되어 있지 않다면, 현명한 깨달음과 인생의 지혜는 아무 소용이 없다. '걱정을 숨겨라. 행복을 너무 큰 소리로 말하지 마라. 다른 사람의 약점을 이야기하지 마라. 다른 사람의 관심을 받고 싶다면 다른 사람에게 관심을 두어라. 당신이 후견인이 아니라면 다른 사람이 자신의 행동을 스스로 책임지게 하라. 다른 사람을 웃음거리로 만들지 마라.'

이러한 깊은 인식도 매일 실천하지 않는다면 무슨 쓸모가 있는가! 작은 일에서 끊임없이 노력할 때에만 더 행복하고, 더 좋은 사람이 될 수 있다. 삶을 근본적으로 바꾸기 위해서는 종종 적지 않은 용기가 필요하다. 옛날부터 전해 오는 말처럼 끝없이 놀라는 것보다 놀람으로 끝나는 것이 낫다. 마음을 해치는 상황은 때로 넘어서야 한다. 두려움은 영혼을 갉아먹는다고 인디언 주술사 레임 디어가 말했다. 나은 인생의 길을 걷기 위해서는 나쁜 습관을 고치고, 싫어하는 직업을 버리고, 잘 맞지 않는 배우자와 헤어질 용기를 내야 한다. 자유롭게, 유쾌한 의연함으로 살기 위하여 고타마 싯다르타Gotama Siddharta는 용감히 모든 것을 버린 사람이었다.

그의 이름은 고타마 싯다르타다. 기원전 560년 룸비니에서 태어나 기원전 480년 쿠시나가라에서 숨을 거두었다.

불교를 창시한 싯다르타는 '네 가지 고귀한 진리'의 가르침으로 불교 이론의 기초를 세웠다.

싯다르타의 아버지는 히말라야 비탈에 자리한 작은 나라를 다스리는 제후였다. 정치적 상황이 안정돼서 어린 싯다르타는 동화 속 왕자처럼 자라났다. 밝은 햇살이 드는 정원과 숲 속을 거닐며 사색에 잠기고, 사냥을 즐기며 장기를 두고, 시를 지으며 노래를 불렀다. 그리고 열아홉 살에는 아름다운 친척 소녀와 혼례를 올렸다. 그러나 싯다르타는 삶을 즐기는 대신 갑자기 자신이 배부른 속

물처럼 느껴졌다. '날마다 벌이는 잔치가 인생의 의미가 될 수 있을까?' 싯다르타는 자신에게 물었다.

어느 날 싯다르타는 사냥을 하던 중 떠돌아다니는 고행자를 만났다. 고행자는 행복이 불확실의 위협을 받고, 모든 것이 덧없으므로 엄격한 규율을 지키며 안락을 포기했다. 젊은 싯다르타는 순간 깨달았다. 그도 고행자처럼 살고 싶었다. 이때 아내가 아들을 낳았다는 소식을 들은 싯다르타는 탄식했다.

"끊어야 할 새로운 사슬이로다."

어린 왕자의 탄생을 축하하는 잔치가 성대히 열렸지만, 이날 밤 잠에서 깨어난 젊은 아버지는 깊은 절망에 빠진 채 자는 아내와 아이에게 입을 맞추고 말에 올라탄 뒤 남쪽을 향하여 달빛 속을 달려갔다. 어느 강가에 이르렀을 때 싯다르타는 바람에 날리는 곱슬머리를 칼로 자르고, 몸에 지닌 장신구와 말을 모두 하인에게 주어서 집으로 돌려보낸 뒤 계속 걸어갔다. 그리고 길을 걷던 중 자신의 옷을 거지의 옷과 바꾸었다.

이제 싯다르타는 진실을 찾기 위한 자유를 느꼈다. 그는 빈디아 산속 동굴에 사는 은둔자들에게서 형이상학을 배웠지만, 그의 예리한 지성은 주어진 해답에 만족하지 못했다. 그의 스승들은 깨달음과 지식이 음식을 먹지 않고, 잠을 자지 않고, 스스로 고행함으로써만 얻을 수 있다고 믿었다. 싯다르타는 엄격한 금욕의 이로운 점을 밝혀내기 위하여 끔찍한 자학에 몰두했다. 비틀거리다가 정신을 잃고 다시 깨어난 그는 온몸에 영양이 잘 공급되고, 마음이 편하고 건강해야 진정한 앎에 가장 잘 이를 수 있음을 깨달았다. 정신은 문제의 답을 찾아서 한 계단씩 올라가다가 순간 깨달음에 이른다.

싯다르타는 제자들과 함께 베나레스 왕의 사냥터에 오두막을 지었다. 이곳은 지혜를 얻고자 노력하는 사람들을 위한 학교가 되었다. 싯다르타의 가르침은 분명하고 간단했다. 사람이 자신의 욕구를 이겨내지 못하면 고난과 고통을 당하고 결국 슬픈 생을 살 수밖에 없다는 내용이다. 자신을 극복하는 사람은 자유로우며 영혼이 즐겁다. 이것이 가장 귀한 재산이다. 그래서 싯다르타는 제자들에게 이웃과 짐승을 사랑하라고 가르쳤다. 또한 살생하지 말고, 남의 물건을 훔치지 말고, 거짓말하지 말고, 정숙히 살고, 취하게 하는 음료를 마시지 말고, 인색하지 말고, 소유를 하찮게 여기지 말고, 성공을 좇지 말라고 권한다. 이에 대한 반응은 놀라웠다. 싯다르타가 여든 살 나이로 세상을 떠나자 그의 가르침은 온 나라에 빠르게 퍼졌다. 사람들은 인간 싯다르타에게 신비로운 전설의 베일을 씌웠고, 그는 몇 년 뒤 반쯤 신이 되어서 오늘날까지 수백만 신자들의 숭배를 받는다. 싯다르타를 높여서 부르는 이름 부처는 '깨달음을 얻은 자' 라는 뜻이다.

그리고 … 비움을 실천하라

이 책의 많은 보기에 나타나듯이 행복을 위한 기본조건은 비움의 생활이다. 독자는 사람이 돈이나 소유, 권력으로 행복해지지는 않는다는 사실을 잘 알 것이다. 미국의 심리학자 데이비드 마이어스는 자신이 쓴 책 《행복의 추구》에서 행복이 네 가지 긍정적 성질에 근거한다고 말한다. 이것은 자기사랑, 낙천주의, 열린 마음, 환경을 이해하고 지배할 수 있다는 강한 믿음이다. 항상 웃는 사람은 이러한 성격으로 묘사된다. 이들은 항상 모든 사람의 사랑을 받으며, 거의 모든 일에서 성공하는 승리자의 유형이다.

그러나 우리는 어떻게 해야 하는가? 우리에게는 삶이 즐거운 파티가 아니다. 두려움을 극복하고, 성공을 싸워서 얻어내야 한다. 우리의 의심을 이겨내고, 다른 사람이 우리를 이해하도록 설득해야 한다. 아서 쇼펜하우어에게 그랬듯이 인생이란 우선 '괴로운 일'이므로 세상을 아주 낙관적으로 보지 않는다.

평안과 행복은 또한 고행이나 수련과 많은 관계가 있다. 신체 훈련을 통하여 겉으로 보이는 몸을 단련하고, 단련한 몸으로 자신의 가치를 높일 수 있듯이, 자아상 역시 긍정적으로 바꿀 수 있다. 서로 이해하는 가족과 좋은 친구들, 배우자와 금실이 좋은 사람은 간혹 직장상사 때문에 자존심이 상해도 금방 회복할 수 있다.

마이어의 연구는 평안과 행복이 출세와 같이 겉으로 보이는 성공의 영향을 거의 받지 않는다는 것을 증명했다. 아무리 돈을 많이 벌기를 기대해도 돈은 '행복감을 높이지' 않는다. 흥분에 빠진 로또당첨자는 포르쉐 자동차를 사고, 직장을 그만두고, 빌라로 이사를 하고, 1년 동안 세계 일주를 한다. 그러나 돌아왔을 때에는 옛날처럼 만족하지 않는다. 돈은 이전보다 더 많지만, 바로 그 돈 때문에 마음은 더 불안하다. 그는 자신에게 이렇게 물으며 괴로워한다. "좋은 친구가 많은 것은 내가 돈이 많기 때문일까? 내 여자친구는 나를 사랑하는 것일까, 내 돈을 사랑하는 것일까?"

마이어는 연구에서 평안과 행복을 얻는 방법을 이렇게 설명한다.

1. 보통 사람을 마치 마음이 실제 행복하고, 낙천적이고, 긍정적이며, 생각이 냉철하고 차분한 것처럼 말하고 행동하도록 격려하면, 그는 특성이 없고 부정적인 기본 관점을 바꾸고, 평안과 행복을 위한 감각을 예민하게 만들기 시작한다.

2. 삶의 다른 부분에서 무슨 일이 일어나든지, 미래가 얼마나 절박하게 보이든지 현재를 살고 매 순간을 즐기는 사람은 행복하다.

3. 자기가 하는 일에서 항상 기쁨을 느끼는 사람은 행복하다. 특히 자신의 직업이 즐겁고, 일에 완전히 몰두하는 사람은 행복하다. 이러한 긍정적인 관점을 따르는 사람은 타고난 재능을 키우고 창조하는 기쁨을 만끽할 수 있다.

4. 계획하는 감각을 키우고, 작은 목표를 위한 계획표를 짜는 일이 중요하다. 작은 목표를 달성하고 나면 자동으로 인생의 크고 중요한 목표를 세우게 되고, 또한 이를 이룰 수 있다. 그리고 이러한 경험을 통하여 자신감을 얻는다.

5. 육체는 균형 있는 영양과 규칙적인 운동으로 건강하게 된다. 자신의 몸을 가꾸며 건강한 상태로 유지하는 사람은 텔레비전 앞에서 움직이지 않고 살아가는 사람보다 행복에 더 가까이 있다.

6. 자신이 가진 것과 이룬 것에 감사하라. 다른 사람은 가진 것이 더 적다. 자신보다 많이 가진 사람과 비교하면 기분이 우울해진다. 큰 부자도 부러워하는 사람이 있기 때문이다. 그이유가 성공한 자식이든 성격이 쾌활한 아내든.

7. 친구와 가족에게 시간과 사랑을 쏟는 사람에게는 사랑과 애정이 100배로 돌아온다. 신의 있는 친구에 비하면 돈은 무슨 소용이 있는가?

8. 삶이 물질뿐 아니라 지적이고 정신적인 재물, 즉 스토아 철학자들이 모든 것에 가득 차 있다고 부르는 세계영혼이나 예수 그리스도를 통한 구원을 믿는 마음과 같은 것으로 이루어진다는 사실을 아는 사람은 행복해지기 쉽다.

역시 행복한 삶과 관계가 많은 테레사 수녀의 깊은 통찰이 보이는 말을 여기서 생각해 보는 것도 유익하다.

1. 사람들은 오늘 네가 해 준 선한 일을 내일 잊어버릴 때가 많다. 이에 동요하지 말고 계속 선한 일을 하라.

2. 세상에 네가 줄 수 있는 최선을 주라. 그것은 결코 충분하지 않겠지만, 그래도 항상 네 최선을 주라.

3. 너무 힘이 드는 날에는 할 수 있는 일만 하라. 창조적 정신은 네 안에서 계속 일하기 때문이다.

4. 사람들은 어리석고 비논리적이며 이기적으로 행동할 때가 많다. 그들을 그냥 용서하라.

5. 네가 친절히 행동하면 다른 사람들은 네가 이익을 꾀한다고 비난할 것이다. 그래도 그들을 친절히 대하라.

6. 성공하면 험담하는 친구와 질투하는 친구가 생길 것이다. 그래도 계속 성공하도록 노력하라.

7. 마음을 열고 정직하게 살면 너를 속이고 배신하는 사람이 생길 수 있다. 그래도 계속 마음을 열고 정직하게 살아라.

8. 오랜 시간 힘들게 쌓아온 일이 하룻밤 사이 무너질 수 있다. 그래도 계속 쌓아 가라.

앞부분에서 분위기가 무겁고 고발적인 이 책을 가벼운 유쾌함으로 마치기 위하여 성 패트릭과 함께 아일랜드의 유명한 성자인 성 콜럼반Columban이야기를 소개하려고 한다. 콜럼반은 아일랜드 31곳에 수도원을 지었고, 추방당한 뒤에는 562년 스코틀랜드에 학교를 세웠다.

모후아Mochua와 성 콜럼반은 동시대를 산 인물이다. 모후아는 가난한 은둔자로 황무지에서 살며 닭과 쥐와 파리 한 마리를 빼고는 재산이 없었다. 닭의 임무는 아침 기도시간을 알려주는 것이었다. 쥐는 그가 낮에도 밤에도 5시간 이상 잠을 자지 못하도록 했다. 무릎을 꿇은 채 기도하고 찬양을 부르다가 지친 모후아가 조금 더 오래 자고 싶을 때마다 쥐는 그의 귀를 살짝 깨물어 잠을 깨웠다. 파리는 그가 책을 읽는 동안 그의 하프 줄 위를 달렸다. 모후아가 시편을 읽다가 피곤해지면 파리는 노래가 멈춘 곳에서 그가 경건한 행위를 다시 시작할 때까지 계속 머물러 있었다.

그러던 어느 날 이 성실한 세 동반자가 모두 죽자 모후아는 알바에 있는 성 콜럼반에게 편지를 쓰며 작은 무리의 죽음을 슬퍼했다. 콜럼반은 모후아에게 이러한 답장을 쓰며 위로했다.

"형제여, 너의 동반자들이 죽은 것을 슬퍼하지 마라. 불행은 항상 가진 자를 덮치기 때문이다."

비울 수 있는 용기

어느 텔레비전 프로그램에서 산속에 사는 젊은 부부의 이야기를 본 적이 있습니다. 명문대를 졸업하고 안정된 직장에 다니던 부부는 더운 물이 나오지 않아 목욕하기 위해서는 물을 데워야 하고, 장작도 스스로 패야 하는 불편한 생활을 하고 있었지요. 편리하고 화려하지만 번잡하고 삭막한 도시가 싫어서, 소박하지만 정신과 마음의 여유를 누릴 수 있는 삶을 선택한 것이었습니다. 부부를 보면서 저런 외롭고 불편한 생활을 어떻게 할지 신기한 생각도 들었지만, 세상 사람 대부분이 부러워하는 행복을 과감히 버리고 자신의 꿈을 좇아 만족하는 삶을 실천하는 부부의 용기가 참으로 부러웠습니다.

시간이 흐를수록 우리는 돈을 벌기 위해 쉼 없이 일하고, 재산을 잃을까봐 걱정하고, 인정과 성공을 얻으려고 날마다 경쟁하며 싸우다가 삶에서 느끼는 즐거움을 잃어버립니다. 오랜 시간에 걸쳐 얻은 경험과 지식, 인내와 같은 충실한 내면의 가치보다 겉치레를 더 중시하고, 개성은 상실한 채 집단적 허영을 좇으며, 돈과 권력에 대한 탐욕을 부리고 이웃을 경계합니다. 이제 현대인은 배가 아니라 마음이 고프고 공허합니다.

이 책의 지은이는 우리에게 잘 알려진 고대와 현대 사람들의 삶 속으로 우리를 안내하며, 이런 삶의 철학적 근거와 실천방법을 알려줍니다. 인생의 귀중한 재산인 시간을 소중히 다루어 낭비하지 말며 강렬한 삶을 살라는 세네카, 행복을 누리며 조급히 살지 말라는 스페인의 그라시안 신부, 소박하게 돈을 아껴 살고, 근심을 멀리하며 작은 일에서 기쁨을 느끼고, 마음의 건강을 쉬지 않고 돌본 철학자 코르나로.

이 책은 재물과 권력에 대해 욕심을 부리거나 지나치게 경쟁하지 말고 불안과 스트레스와 같은 정신적 구속에서 벗어나 자유를 누리라고 조언합니다. 예술에서 위안과 기쁨을 얻는 훈련을 하고, 소박함으로 탐욕을, 사랑으로 미움을, 동정으로 분노를 없애고, 다른 사람이 얻은 성과를 인정함으로 교만을 버리라고 말합니다. 그리고 이득과 손실을 헤아리는 생각과 물질을 버리고, 마음의 소리에 귀 기울이라고 충고합니다.

이 책이 보여 주듯이 행복을 위한 기본 조건은 비움입니다. 지혜로운 선인들은 시대와 장소를 초월하여 돈이나 소유, 또는 권력으로는 행복을 얻을 수 없다는 사실을 깨달았습니다. 이 책을 읽는 이도 비움으로 행복을 누리어 자신뿐 아니라 이웃의 삶도 여유롭고 넉넉하게 만들 수 있기를 바랍니다.

2007년 1월
이승은

KI 신서 1013

14명의 삶에서 배우는 인생의 지혜

지은이 | 미하엘 코르트
옮긴이 | 이승은

1판 1쇄 발행 2007. 3. 10
1판 4쇄 발행 2007. 10. 12

펴낸이 | 김영곤
펴낸곳 | (주)북이십일_21세기북스
책임편집 | 조기준
기획편집 | 김성수 류혜정 강선영 이정란 박교회 박혜란
영업마케팅 | 윤지환 최창규 서재필 도건홍 정민영
북디자인 | 윤삼현

등록번호 제10-1965호
등록일자 2000. 5. 6

주소 | 경기도 파주시 교하읍 문발리 파주출판문화정보산업단지 518-3(413-756)
전화 | 031-955-2100(대표)
팩스 | 031-955-2151(대표)
이메일 | book21@book21.co.kr
홈페이지 | http://www.book21.co.kr

값 10,000원
ISBN 978-89-509-1070-9 03320